Innor

DESTINO, 2015
www.planetadelibros.com
Editado por Editorial Planeta, S. A.

Avda. Diagonal, 662-664, 08034 Barcelona
Primera edición: noviembre de 2015
Tercera impresión: febrero de 2018
ISBN: 978-84-08-14786-2
Depósito legal: B. 24.613-2015
Impreso por Huertas Industrias Gráficas, S. A.
Impreso en España – *Printed in Spain*

El papel utilizado para la impresión de este libro es cien por cien libre de cloro y está calificado como **papel ecológico**.

Innormal

CARLOS MIGUEL CORTÉS

DESTINO

Prólogo

ASUNTO: UNA LECTORA

Asunto: Una lectora

No sé cómo empezar. Supongo que con un «lo siento» por meterme en tu vida, sin ningún derecho, sin ningún porqué con lógica.

Seguiré diciéndote que no recuerdo como llegué a tu blog, pero... llevo bastante tiempo siguiéndote, enganchada a tus imágenes y a tus escritos, enganchada a lo que tus manos y tus entrañas son capaces de hacer.

Nunca he comentado nada, soy incapaz, pues la mayoría de las veces me dejas sin palabras, y escribir... sería mostrarme demasiado.

No sé por qué te escribo, repito, pero debía hacerlo. Debía decirte que me encanta lo que haces, me gusta mucho lo que sientes y cómo lo sientes. Que admiro tu forma de plasmar los sentimientos, que admiro las ideas que salen de tu cuerpo, son fantásticas.

Y debía decirte también que cada vez que actualizas sonrío, porque es imposible no hacerlo cuando veo en ti tanto de mí. Y también debía decirte que en ocasiones envidio la gente que se cruza contigo por la calle, al panadero al que le compras el pan, y al zapatero al que le llevas los zapatos con la suela gastada.

Me estoy extendiendo demasiado, terminaré diciéndote que sigas adelante, que vivas, que vivas intensamente, y que luego lo compartas con los demás... siempre habrá en mí una sonrisa esperándote.

Con mucho cariño, aunque parezca imposible:

Brisa.

Hace seis años escribí este correo que me cambió la vida. Así empezó todo. Un simple correo sin pretensiones... pero las letras pueden poner tu mundo del revés. Así que atentos, en cualquier momento y lugar puede estar esperándoos eso que tanto bien os hará.

Podría hablaros de lo bonito que escribe, de lo capaz que es de hacer tremendamente excepcional un momento cotidiano, de su naturalidad, de su cercanía, de su pasión, pero eso ya lo sabéis.

Lo que no sabéis es cómo nació nuestro Intranerso. No sabéis qué bien nos ha tratado esta isla y al mismo tiempo cómo hemos estado toda una noche en una sala de espera de un veterinario cogidos de la mano porque Sylar se puso malito. Lo que desconocéis es la de veces que nos hemos inventado el futuro a los pies de cada faro (en el que por supuesto, nos hubiéramos casado). Lo que ni os imagináis es lo ricas que sabían las tostadas cuando venía de trabajar de noche y me estaba esperando con un zumo de naranja recién exprimido. Imposible imaginárselo, porque sólo quien ha probado la sal de nuestra cala favorita en un beso después de un baño nocturno sabe que sin sal la vida es en blanco y negro.

Lo que os quiero contar es cómo de la nada hicimos hogar. Cómo cualquier sitio podría ser casa si estaba su hombro al lado. Cómo un viaje en coche escuchando a Sabina y con las ventanas abiertas podía convertirse en uno de los momentos más felices del verano. Cómo una siesta puede empezar un viernes tarde y acabar un domingo noche y que en esa cama sucedan tantas cosas, y tan buenas, que fuera posible la Paz Mundial. Cómo, cuando comíamos, Selva se subía en su regazo y al mismo tiempo estiraba la patita y me tocaba la pierna, porque siempre tenía que estar tocándonos a los dos. O cómo el debate sobre si era más bonita Granada o Salamanca se podía convertir en un asunto de estado.

No sé si me explico, lo que quiero contaros es que cuando alguien te enseña a amar bien, que no es lo mismo que amar mucho; cuando te hace ver que eres la heroína de tu propia historia, que tienes que quererte más que a nadie y que puedes hacerlo todo si te lo propones… cuando encuentras a ese alguien, ya has ganado la batalla, pase lo que pase después.

Y esto es lo que quería transmitiros, que yo ya he ganado habiéndole conocido. Que aunque nuestra historia haya terminado será eterna porque está escrita; vosotros sólo habéis podido ver un poquito de esa magia, pero los verdaderos versos yo los tengo grabados a fuego.

Que nos hemos cambiado la vida, y que ha sido a mejor, aun con todos los malos caminos que también hemos andado. Que sé que siempre me cuidará y yo a él. Y que aunque ya no haya la misma brisa entre sus paredes estoy segura que por la ventana entrarán cosas maravillosas. Hemos aprendido a bien-amar(-nos) juntos, y eso es un regalo mutuo.

Yo me despido aquí. Desaparezco, al menos para vosotros. Encantada de haberos conocido. Aquí os dejo a Carlos y su delicioso mundo. Disfrutadlo, masticadlo, estoy segura que os dejará muy buen sabor de boca.

Brisa

Sabes ese momento en el que tienes
que cerrar el libro que estás leyendo
porque algunas de sus palabras
te han creado un seísmo por dentro?
Y necesitas tomarte un respiro,
darte un pause,
y quedarte saboreando
e interiorizando
ese temblor,
lo que acabas de leer.
Eso es un orgasmo literario.
Y si este libro es capaz de provocarte uno,
solamente uno de esos momentos,
cada noche en vela que he pasado escribiendo
en toda mi vida
habrá merecido la pena.

*A todas las mentes que me han hecho cambiar de opinión
en toda mi vida, haciendo que me replantee mis ideas,
mis principios, mis opiniones.
Gracias por hacerme ver que estaba equivocado,
gracias por hacerme mejor persona.*

A mis abuelos, Pedro y Rosa, Vicente y Cardi.

NEGACIÓN

Ahora ya no sé si vas a poder leer esta carta, pero igual siento como una necesidad de decirte que yo contigo he sido más feliz de lo que en los libros se dice que se puede.

La canción de nosotros, Eduardo Galeano.

¡La aventura nos espera!

Up

Hace falta imaginar, experimentar cosas y cambiar algo. Hace falta arriesgarse. Yo ya sabía de antemano lo que iba a pasar, claro. Es que los puristas no experimentan nada de nada. Si se queda uno solo con los puristas nos quedaríamos siempre en el mismo sitio. Están metidos en un círculo del que no se salen, y yo creo que hay que salirse un poco, ¿no? Experimentar.

Camarón de la Isla

Ser joven y no ser revolucionario es una contradicción hasta biológica.

Salvador Allende

Sé como tu eres
de manera que puedas ver
quién eres
y cómo eres.
Deja por unos momentos
lo que debes hacer.
Y descubre lo que realmente haces.
Arriesga un poco si puedes.
Siente tus propios sentimientos.
Di tus propias palabras.
Piensa tus propios pensamientos.
Sé tu propio ser.
Deja que el plan para ti
surja de adentro de ti.
Fritz Perls

En el patio del colegio, las jerarquías estaban establecidas casi desde el principio, y además era raro que se repitieran las categorías. Si eras el gordo, eras el gordo; si eras el payaso, eras el payaso; si eras el gafas, eras el gafas; si eras el bestia, eras el bestia; si eras el raro… Yo siempre fui el raro.

Ser el raro era llevar una losa pesada. Imagino que la veo más pesada porque es la que me tocó a mí. Al principio no lo asumes. No entiendes que te haya tocado a ti, cuando posiblemente lo que querías era ser el guapo o el gracioso de la clase. Y cuesta entenderlo. Es fácil quedarte en ese estado de continua negación.

Por suerte, ya no estamos en el patio del colegio, aunque a veces lo parezca, y ahora decidimos con qué nos quedamos o qué desechamos. Ahora nos quitamos las losas de encima y somos libres. Ahora nos reconocemos entre nosotros y disfrutamos de estar con personas de nuestra misma categoría, esa categoría que hemos elegido y que no es impuesta. Incluso elegimos vivir sin categorías ni etiquetas. Yo elijo las mías, que son pocas, muy pocas. Y siempre fui el raro, ahora sé que lo que soy es INNORMAL.

Síndrome de Huckleberry Finn

Bautizado como el personaje de la obra de Mark Twain, este síndrome psicológico se caracteriza por la tendencia a eludir responsabilidades como un niño, y a cambiar con frecuencia de trabajo al llegar a la vida adulta. Los expertos aseguran que es un mecanismo de defensa ligado al rechazo parental, una baja autoestima y síntomas de depresión.

Las personas con este síndrome suelen ser inteligentes, despiertas a todo lo que ocurre a su alrededor. Se adaptan bien a las situaciones, pero rara vez se sienten felices con lo que tienen o hacen. Evitan tener responsabilidades. Porque una responsabilidad implica echar raíces en algunas ocasiones, y eso es algo para lo que no están preparados.

Suelo pensar que nunca voy a encontrar nada que mantendré durante toda mi vida. ¿Trabajar toda la vida en lo mismo? ¿Alguien que quiera pasar conmigo el resto de mis días? ¿Una ciudad en la que comprarme una casa y echar raíces?

No soy un árbol. No quiero echar raíces. No quiero hacer toda la vida lo mismo. No quiero dejar de huir de la monotonía.

1

Te busco en los agujeros de mis bolsillos.
Creo que tu ausencia se ha colado hasta en mi lavadora.
No duele, es, sólo, como no sentir nada.
Es vacío.

Tengo que aprender a dormir sin ti.
Es difícil, especialmente las noches como hoy
cuando te acabas de ir y
las sábanas aún no se han enfriado.

He estado a punto de cerrar la puerta con llave
por dentro
un poquito antes de que te fueras.
¿Cuánto tiempo podríamos estar recluidos?
Podríamos pedir todos los días
comida a domicilio,
vivir con la música a tope,
baños interminables,
risas, atardeceres en el balcón, pelis…

Pero es tarde.
Ahora la casa entera llama a tu risa
rebotando en las paredes.
Y sólo hay silencio.
Voy a hacerlo yo solo,
voy a poner música a tope,
meterme en la bañera,
masturbarme,
y acostumbrarme a
estar sin ti.

Así,
cuando vuelvas,
la casa, las sábanas y
yo
explotaremos de felicidad
y de sorpresa.

2

Me mata cuando tú
me miras
como si nada
y yo te miro
como si todo.

3

A veces me gustaría no ser yo quien escribe. Que tú escribieras por mí.

Escribe que te mueres de ganas de que todas las noches que hemos imaginado se hagan realidad; escribe que nuestros cuerpos se conocen como si llevaran años pegados, pero a la vez se buscan como si acabaran de descubrirse; escribe que tus muslos se han despertado con marcas de mis dientes; escribe que la sonrisa que te provoco va a durar eones; escribe que le den a soñar, que es mejor hacer; escribe que nunca pensaste que una lengua podría hacerte tantas cosquillas; escribe que nos falta poco para ser uno y media docena a la vez; escribe que perdimos la cuenta de los orgasmos; escribe que las sábanas nos envidiaban; escribe qué bien sabe mi polla; escribe lo divertido que fue cuando los vecinos se quejaron del "ruido" de tus gemidos; escribe que los besos saciaban el apetito; escribe que te duelen un poquito los pezones de estar entre mis dientes; escribe que no te vas a conformar hasta que se nos haga mil noches de día; escribe que joder qué bien sabe el café después de una noche así.

4

Compramos los billetes,
sabiendo para qué barco eran.
Montamos emocionados,
leyendo Titanic en el lomo.
Disfrutamos de la travesía,
expectantes,
mirando siempre a estribor de reojo.
Divisamos a lo lejos el iceberg,
y como locos
asaltamos el puente de mando
para poner el barco a toda máquina.

Es evidente,
chocamos
y
nos hundimos.

Pero estábamos felices
por haberlo vivido.

5

No quiero ser para ti ese chico pasajero,
un rato divertido,
medio Don Juan,
un ligue de discoteca,
si te he visto no me acuerdo,
un recuerdo bonito.

No quiero ser eso con lo que te entretienes,
un aperitivo antes de la sopa caliente y casera.

Me niego a ser sólo el que te folla
cuando tus humedades te hacen pensarme,
la llamada de auxilio cuando
tienes el mundo encima.

Porque, pequeña,
me gusta la noche,
pero no me vale si no
la acompañamos de amaneceres,
desayunos improvisados
y conversaciones que hacen hogar.

No quiero ser sólo tu comodín,
pudiendo ser tu paracaídas,
tu salvavidas,
tu amuleto de la suerte.

Que seamos
un cuento sin punto final,
sin perdices,
sin que el libro llegue a
acabarse.

6

Yo antes de ti no era yo,
era otro, una versión peor.

Y esa es mi moraleja
de cualquier relación.
Sal de ella mejor de lo que entraste.
Más jodido, más escéptico,
más roto
pero mejor persona.

7

Una y otra vez hemos estado juntos, una y otra vez nos hemos separado.

Siempre nos han contado que la distancia más corta entre dos puntos es la línea recta, pero yo me he parado a observarnos, y nosotros ondulamos. Las rectas debían de parecernos aburridas, o simplemente éramos diferentes y teníamos que hacer las cosas a nuestra manera.

Era una cuestión subconsciente, creo. No lo escogíamos, no lo pensábamos, nos salía utilizar los giros, los meandros, los arcos, y nunca nos quedábamos anclados en las esquinas ni en los bordillos, tan angulosos y tan punzantes.

Sólo sé que sí, sería más rápido usar las líneas rectas, como hacen todos, pero nosotros elegíamos siempre las curvas del infinito.

8

Hola,
me llamo
Carlos Miguel Cortés
y soy un adicto.

Un adicto a los comienzos.

Sí, es difícil reconocerlo.
Parece algo genial a primera vista.
Pero no lo es cuando te cuesta tanto
pasar de esos primeros momentos
a esa vida de reposo y manta y peli
que a veces te pide el hígado.

No puedo evitarlo.
No sé si quiero evitarlo.
¿Sabéis de lo que hablo, verdad?
Esa sensación de novedad.
Los nervios, el nudo en la garganta
previo a un primer beso.

La idea en mi cabeza
de que una mujer nueva en mi vida
significa un territorio sin explorar,
una aventura por el Amazonas de su mente,
un conquistar cada poro,
una expedición a lo Lewis y Clark
recorriendo desde su Atlántico hasta su Pacífico,
escalando la cima de sus pezones,
descendiendo la cueva de su ombligo,
coronando el cielo del paladar.

Me encanta, sí.
Adentrarme en un nuevo laberinto mental
sin dejar migas de pan para marcar el camino,
sabiendo que es más probable que me pierda allí dentro
o que me atrape el Minotauro de sus miedos,
antes que encontrar la salida.

Y tocar allí y allá,
estrenar cada tecla,
buscar sonidos nuevos
en el pentagrama de sus costillas.

Sí, claro que conocéis
todo eso de lo que os hablo.
Por algo estáis aquí, ¿no?
En terapia, conmigo.
¿Tú también estás aquí por eso?
¿Cómo te llamas?
¿Y si te doy mi número y quedamos?

9

No educamos bien a los niños.
No les enseñamos
a divertirse cada día un poco más,
a amar lo que hacen,
a sonreír todo lo que puedan,
a explorarse,
a dejar de pensar un ratito cada día,
a quererse y a querer sin escudos,
a inventar mundos,
a tener amigos imaginarios,
a llorar sin pudor,
a jugar, joder, jugar, jugar, jugar,
a perder la vergüenza,
a arrancarse la ropa, si eso
va a conseguir que se sientan libres.

No les enseñamos,
y sin embargo, lo hacen.

No educamos bien a los niños.

Ojalá nosotros aprendamos más de ellos.

10

Esa sensación
de que lo único que necesitas
es escuchar a tu abuela
diciéndote
“Estoy orgullosa de ti”.

11

Y que no sea posible.
Lo horrible que es que no sea posible.
El vacío que crea lo imposible.
La única mierda contra la que no se puede hacer nada.

Impotencia.

Rabia.

Ira.

Tristeza.

Lágrimas.

El mar en la comisura de tus labios.

Muerte a lo imposible, joder.

12

Tengo ganas de pedir perdón.

Perdón por no haber montado ya una revolución, por no haber cortado cabezas, restaurado la guillotina, desahuciado el Vaticano, echado a patadas de este país al Rey, a los corruptos, a los banqueros que estafaban a ancianos que no saben leer... ¡Qué coño!, a todos los banqueros.

Dan ganas de pedir perdón por no estar cada día más orgulloso de ser pobre, por tener conciencia de clase, por tener conciencia de lo mal que lo hace mi género, por tener conciencia social, por tener conciencia.

Pedir perdón a los niños, a los que no dejamos un mundo mejor porque no hemos tenido los cojones de lanzarnos a la calle a quemar laboratorios de homeopatía, a cerrar farmacias en las que no venden condones, a revolucionar el sistema educativo, a rescatar al mundo de nuestra devastación, a salvar iglesias echando a sacerdotes.

Perdón a nuestros mayores por perder la memoria, por no combatir hasta la saciedad por sacarlos de las cunetas, por nuestra falta de respeto a sus luchas, por dejar que nos roben los sindicatos una panda de aprovechados cuyo máximo interés es su bolsillo, por callar ante las leyes mordaza, por agachar la cabeza ante cada uno de los pasos atrás en la lucha por los derechos de los trabajadores. Todo aquello por lo que pelearon tan duramente nos lo han quitado y nuestra actitud es de escoria, de niños pijos acomodados, de desagradecidos.

Por eso a veces me pongo delante del espejo y me pido perdón.

Y siento cada una de esas seis letras como mil patadas en el estómago, y me dan arcadas, y vomito encima de todo, me limpio, e intento aguantar otro día más.

Mira que somos idiotas.

13

Las palabras que te callas.
Esas son las que más me duelen.

14

Siempre quise ser farero.

Vivir en la soledad más absoluta, rodeado de libros, algunos gatos y el mar.

Saber si necesitaría más para ser feliz.

Ser feliz con lo menos posible.

Vigilar el mar, que nadie choque contra las rocas, que los barcos lleguen sanos y salvos a casa, que no nos invadan las sirenas.

Divagar por las noches, observando la Vía Láctea desplegada y visible encima de mí. Dormir bajo un manto de estrellas cada noche.

Tener una barquita a los pies de mi faro, y dejarme perder por la marea de vez en cuando, lejos de la orilla.

Leer, leer mucho, leerlo todo. Forrar las paredes con libros, limpiar el polvo de mi cerebro usando el jabón que son las letras.

En definitiva, convivir conmigo. Saber si soy capaz de aguantarme, perdiendo miedos, ganando batallas internas. Explorarme y conocerme. Saber si puedo quererme en soledad, y así, en algún momento del futuro, poder querer a alguien y dejar que alguien me quiera.

15

Podríamos estar rompiendo camas
y aquí estamos,

partiéndonos
los dos.

16

Me cuesta mucho encontrar mayor belleza que la modificación de la cartografía de la tela provocada por el crecimiento de volcanes en la piel.

Digamos que, cuando tus pezones irrumpen, no es lava lo siguiente que quiero ver, pero sí que ardemos como cerillas. Es instantáneo y fugaz, aunque nunca breve. Sé que es una contradicción, pero es que nosotros somos pura contradicción.

A mordiscos. Así es como recibo siempre tu piel cuando se acerca a mí. Soy el lobo, soy el hambre, soy la sonrisa que me dejas al separarte para empezar a jugar tú.

No me tocas. Pero sí siento como tus ojos me recorren deseándome. ¿Hay algo mejor que notar el deseo de esa manera tan innegable, tan real, tan palpable? Evidentemente sí, que además me lo demuestras. Te lanzas sobre mí y jugamos al juego más ancestral de todos, a liberar la lujuria que nunca debió ser prisionera.

No sabemos parar. Por eso a veces me tiras del pelo demasiado fuerte, o yo te muerdo apretando mucho, porque no tenemos control. Ni falta que nos hace.

Nos dejamos llevar sin pensar, sólo sintiendo, y cuando acabamos, nada es como al empezar. Hemos explotado y nuestras partículas han creado un entorno nuevo.

Esta cama era lo que existía antes del universo y nosotros somos el Big Bang.

17

He borrado tu número de
teléfono de la memoria del móvil.

Ahora dime cómo cojones
lo borro de la mía.

18

Las líneas de las manos
son caprichos de la piel,
tu horóscopo es fruto
de la causalidad,
lo que te diga un adivino
son sólo deducciones lógicas,
los posos del café
no tienen respuestas,
las cartas del tarot
no te revelan secretos.

No hay forma de saber
tu futuro.

Pero sí sé
que quiero que tú
estés en el mío.

19

He perdido la toalla de playa que me regalaste.

No sé si se ha caído por el balcón o me la dejé olvidada en algún sitio.

Me jode, porque me gustaba mucho. Además, no tengo muchos recuerdos tuyos, y menos de aquel viaje por Huelva.

La verdad es que fue genial. Me reencontré con el mar y contigo a la vez, y necesitaba un poquito de ambas cosas.

Ahora llevo meses sin hablar contigo, y única y exclusivamente porque soy imbécil.

He vuelto a caer en ese defecto asqueroso, el que incluso considero el peor que tengo, el de desaparecer algunas veces.

Aún no me entiendo, no sé por qué me pasa. Tampoco he logrado evitarlo. El cuerpo me lo pide y tengo que dejar de dar señales de vida. Y no hay nada mal, y mucho menos en ti, que eres realmente una maravilla, pero sucede que me noto raro y corto sin cambio.

Cualquiera pensaría que es una manera de poner barreras a enamorarme, una coraza para no sufrir. Yo sé que no es eso, que es algo más visceral, es la necesidad de que nadie me necesite, porque no quiero hacer sufrir a nadie.

Ojalá tú no me necesitaras aún. Te aseguro que, muy de vez en cuando, me veo tentado de escribirte. Quiero saber si todo está bien y si sigues luciendo tu sonrisa por el mundo. Pero sería muy egoísta escribirte ahora, volver a aparecer como si nada hubiera pasado. No sé. Quizás tú también me pienses. Quizás quieras que aparezca. Creo que esta vez no voy a escribir el mensaje y después borrarlo. No.

Hoy le voy a dar a enviar.

20

Que al separarnos,
te vayas
con la camiseta rota,
la cremallera bajada,
una sonrisa en los labios,
y un pedazo de mi vida
en tus bolsillos.

IRA

Ándate con cuidado,
que no se entere nadie
de que lo pasas bien,
que tu vida funciona,
y eres feliz a ratos.
Hay gente que es capaz
de cualquier cosa,
cuando ve una sonrisa.
Karmelo C. Iribarren

Deja de lado el libro, la descripción, la tradición la autoridad, y emprende el camino del autodescubrimiento. Ama, y no te dejes atrapar por opiniones o ideas acerca de lo que el amor es o debe ser. Cuando ames, todo saldrá bien. El amor tiene su propia forma de actuar. Ama, y conocerás sus bendiciones. Aléjate de la autoridad que te dice qué es el amor y qué no es. Ninguna autoridad lo sabe, y quien lo conoce no puede expresarlo. Ama, y comprenderás.

Jiddu Krishnamurti

En suma, desde pequeño, mi relación con las palabras, con la escritura, no se diferencia de mi relación con el mundo en general. Yo parezco haber nacido para no aceptar las cosas tal como me son dadas.

Julio Cortázar

Estamos aquí para desaprender las enseñanzas de la iglesia, el estado y nuestro sistema educativo. Estamos aquí para tomar cerveza. Estamos aquí para matar la guerra. Estamos aquí para reírnos del destino y vivir tan bien nuestra vida que la muerte tiemble al recibirnos.

Charles Bukowski

El que no cree en la magia nunca la encontrará.

Roald Dahl

No conozco rabia mayor que esa que siempre tragamos.

La rabia que nadie te nota, pero que tú sabes que te corroe.

La que te impide aceptarte a ti mismo durante mucho tiempo, la que te impide quererte y, evidentemente, querer de forma sana a alguien.

Es jodido dejar esa rabia atrás. Entrar en una fase de estar a gusto, de aceptar que nunca vas a ser como aquel, y que la vida de ese que sale en el espejo es la única que vas a vivir.

La envidia forma parte de ese círculo de rabia. Ves a esos que han nacido con más ventajas, más pasta, más guapos, más talentosos, más todo que tú, y te preguntas por qué. Lo injusto del azar. Sin pensar en los millones de personas que están mucho más jodidos que tú. Porque también el egoísmo forma parte de ese círculo.

Cuidado, porque he visto a muchos absorbidos por esa rabia. No te dejes atrapar por la envidia, la ira, el egoísmo. Muchos hacen de ese el motor principal de su vida, y esa rabia que han guardado durante años dentro de sí mismos sale a flor de piel, y todo lo que tocan, lo envenenan.

Expulsa la ira. No dejes que se haga amiga de la envidia. Que no se mezcle con el egoísmo. Que no controle tu vida. Sobre todo, que no controle tu vida.

Síndrome de la Bella Durmiente

Este síndrome provoca dormir durante periodos prolongados de tiempo, que pueden abarcar desde casi un día entero hasta semanas. El paciente presenta una somnolencia que no puede controlar, lo cual lo conduce a un estado de hipersomnia. Otros síntomas incluyen alimentarse de forma compulsiva (puesto que en sus periodos de sueño prácticamente no comen), desorientación (tanto en el tiempo como en el espacio), conducta agresiva, deterioro de las capacidades mentales e, incluso, alucinaciones. Debido a la enorme cantidad de tiempo que pasan durmiendo, sufren un deterioro social, laboral y emocional, al ser incapaces de llevar a cabo sus actividades diarias.

En resumen, ni mucho menos, tan romántico como el cuento de hadas que da su nombre al trastorno.

Esas veces en que no somos capaces de diferenciar los sueños de la realidad, esas veces deberíamos dedicarnos a ser felices del todo. Pero no. Hasta en esas ocasiones nos jodemos a nosotros mismos pensando ¿estaré en un sueño?, sin disfrutar de lo que, hasta ese momento, podía ser un sueño lúcido.

Siempre he querido tener sueños lúcidos, incluso una época intenté entrenar mi mente para conseguirlo. La onírica del mundo de los sueños, las posibilidades infinitas que nos ofrece... Volar. Tener superpoderes. Resucitar para poder dar un último abrazo. Nadar en batido de fresa. Volver al útero de mi madre. Saberlo todo. Volar más y más alto aún.

Pero dejé de intentarlo. Y en ese momento, en el que comencé a enfocar bien mis fuerzas, empecé a cumplir sueños reales.

21

Era una noche de verano y sucedió con el Mediterráneo de fondo.

Nos habíamos conocido unos días antes, buceando en una cala de Menorca, siendo los dos únicos seres en kilómetros a la redonda. Y mira que eso es difícil en Menorca en verano. No sé, quizás sí había gente, pero en mi mente desaparecieron en cuanto comenzamos a hablar de lo que sentíamos al bucear. La sensación de soledad, de paz y de curiosidad que nos invadía al meter la cabeza bajo el agua.

Esa tarde no hubo sensación de soledad, nos la pasamos entera juntos. Me agarrabas de la mano bajo el agua para señalarme algún pececillo o algún pulpo y yo notaba una corriente eléctrica por toda la médula.

Se nos hizo de noche aún metidos en el agua.

Era una noche de verano y sucedió con el Mediterráneo de fondo.

Vimos atardecer mirando la Illa de l'Aire y su faro, y no dejabas de decir que siempre habías tenido ganas de ir. Cuando ya había suficiente oscuridad, te lo propuse. Vamos. Y cuando preguntaste cómo, te señalé una vieja barca de remos que parecía puesta a propósito para que la cogiéramos prestada.

Nos costó un rato llegar, lo nuestro no era remar y la falta de práctica y las risas que nos invadían de vez en cuando lo hacían todo más complicado. Pero aunque no teníamos prisa, estábamos impacientes por arribar y descubrir ese pequeño islote. Hacerlo nuestro. Conquistarlo y reclamarlo en nombre del amor a primer contacto.

Al llegar todo era calma. Las luces de Punta Prima se divisaban a lo lejos, pero encima de nosotros habían aparecido muchas más estrellas que las que se dejaban ver desde el punto de partida. Acercándonos al faro, estábamos como niños pequeños. Recuerdo que mientras subíamos, te contaba que en aquel islote había una curiosa variedad de lagartija, la sargantana negra, y que cuando se la llevaban de allí cambiaba su color por el típico color verde de las otras, se volvía una más. A ti esa historia te pareció maravillosa y no dejabas de decir que te estabas notando diferente nada más llegar, como si fueras de ese islote y te hubieran llevado a Menorca y también tú te hubieras vuelto como el resto. Que sentías que estabas volviendo a casa, cambiando de color. Yo no entendía cómo siendo menorquina no habías pisado aún este lugar.

Estabas pletórica. Al llegar al faro y comprobar que no había nadie, tu sonrisa se hizo el triple de grande. Nos colamos en el recinto e intentamos buscar la manera de subir, pero no era posible. Daba igual. El último tramo lo habíamos hecho en silencio, y así llegamos al acantilado cercano al faro. El mar estaba tan calmado como nosotros, tan expectante como nosotros, tan tímido como nosotros. Un compañero más.

En ese momento te acercaste, me abrazaste, me diste las gracias por haberte llevado a casa, y me diste el mejor beso de mi vida.

Después, te acercaste al borde y saltaste.

Yo salté detrás de ti.

22

Tú me haces humano.
Haces que me dé cuenta
de todas mis debilidades
y de mis carencias.
Me haces mortal
me haces carpe diem
y no querer pensar en futuro.
Me haces amar el presente.
Me haces sufrir vértigo
de morir y de no morir
al mismo tiempo.
Me salvas de vivir eternamente.

Y a la vez,
joder, joder,
a la vez,
me haces
para siempre.

23

Te quiero*

*Válido para este momento exacto.
No sé si te voy a querer siempre, no sé si te voy a querer
mañana. Sé que te quiero ahora, y que podemos hacer
de este instante algo inmarcesible.

24

Quiero que bailes con todos los que te dé la gana,
quiero que vengas a mí con todo tu pasado,
pero deseando vestirte para un futuro juntos,
quiero ser quien te haga volar más alto,
y no el que te corte las alas,
quiero quererte como los dos queramos
no sólo como yo quiero,
quiero que te escapes cuando lo necesites
y vuelvas a mí sólo si lo deseas,
quiero que los celos aparezcan sólo
cuando uno de nuestros gatos quiera más
a uno que al otro,
quiero que te entregues
todo lo que sientas
y ojalá sea
hasta sentirte mía,
quiero quiero quiero quiero
saber lo que quieres
por delante de lo que quiera yo.

Que te quiero libre,
no atada a mis versos,
ni a la tópica idea del amor,
ni a las convenciones sociales,
ni a la moral católica.

Libre.

Te quiero
sólo
si eres
libre.

25

Cuántas veces volveremos a aquel aeropuerto donde se dio el mejor pistoletazo de salida de mi vida. Cuántas veces jugaremos con espadas por los pasillos de cualquier hipermercado. Cuántas madrugadas habrá que se convertirán en amaneceres palabra tras palabra. Cuántas veces me besarás antes de irte a trabajar, dejándome a mí dormido, pero notando que ya faltas. Cuántas veces me repetiré bajito "acabaremos viviendo juntos en Montparnasse". Cuántas veces Selva se pondrá en medio de nosotros dos. Cuántas veces nos tatuaremos juntos. Cuántas veces nos enfadaremos por lo mal que se nos da estar separados. Cuántas veces tendré tantas ganas de oír tu voz, como ahora mismo. Cuántas veces más tendré la suerte de tocarte el pelo hasta que te quedes

dormida.

Yo te lo digo, ninguna.

26

Justo en el momento
en el que te di
por perdida

gané.

27

—¿Qué piensas?

(Que ya no es emocionante estar contigo, que me aburro muchísimo, que empiezo a pensar que ya no te quiero a mi lado, que me da una pereza absoluta responder cada mensaje que me escribes, que a veces hasta me siento obligado a quedar contigo, que no tienes ese espíritu aventurero que tanto me cautivó, que te has acomodado, que no luchas, joder, no luchas por nada, no me acompañas a las manifestaciones, has acomodado tu culo a cobrar 1500€ cada mes y te da igual el resto de la clase obrera, tu clase, la mía, y te olvidas de eso cada vez que te vas de compras, y me arrastras contigo, y odio el puto olor a perfume barato de las tiendas de ropa para chica, que me hastía que siempre pongas mala cara cuando hacemos cosas que sólo me gustan a mí, que me quitas las ganas, carajo, que no sé cómo puedes vivir sin leer, que así cómo vas a entender algo cuando me lees a mí, al menos dices que lo haces, pero no me siento como para empezar contigo una conversación sobre los mil temas que llenan mi cabeza, que no, que así no se puede, que siempre me preguntas sobre elecciones y luego no me tienes en cuenta, que no sabes guardar silencio y no entiendes que a veces lo necesito, como mi espacio, que te pasas por el forro mis peticiones y pones cara de niña buena para que te perdone cualquier cosa y eso tampoco lo soporto, ya no me imagino un futuro contigo, y vamos en el coche y nunca quieres oír la radio, siempre con tu puta música comercial, trillada, repetitiva que luego no soy capaz de sacarme de la cabeza, que cuando me vas a besar te acercas tan despacio que soy capaz de verte todos los defectos, que a veces lloras y me siento inútil, que no sé cómo consolarte y me frustra, que te quedas dormida viendo mis películas preferidas, que sé que me ves como un radical cuando hablo de algunas cosas, que me llevo engañando a mí mismo un tiempo y que joder, voy a explotar y lo voy a mandar todo a la mierda, que no puedo más).

—¿Qué? No, no, cariño, nada.

28

Tengo a los dos lados
de mi cerebro
preguntándome por ti.

El izquierdo,
tan lógico él, tan complejo,
no entiende tu ausencia.
Cree que todo iba bien,
que no había motivos para irse,
y lleva todo el día calculando
cuántos kilómetros nos separan ahora,
y ahora
y ahora
y ahora.

El derecho,
tan abstracto, tan imaginativo,
cree que no te has ido.
Que sigues aquí
pero que te has hecho invisible,
o que sólo estás volando un rato.
Que volverás.
No se imagina que no todo es
como en sus sueños despiertos.

Yo ya no sé qué decirles,
ni cómo es que estoy hablando con
mi cerebro
cuando es él mismo el que crea esta conversación.

Ya, es evidente.
Hablo con él porque no puedo
hablar contigo.

29

Cantar de tristeza,
llorar de alegría,
correrse de rabia,
odiarse de amor,
y las mil contradicciones
que nos hacen ser
Innormales.

30

Creo que el mundo se fue a la mierda el día que nosotros lo dejamos. Que sí, que estaba muy jodido de antes, que lleva años así, pero creo que hasta ese día había una esperanza, y era que dos personas como nosotros tuvieran algo tan único. Porque lo nuestro era único, mágico y diferente. Que sí, otra vez, que sí, que la gente siempre cree que sus historias son diferentes y que son especiales y toda esa mierda. Pero nosotros lo éramos de verdad. Estoy seguro. Me lo decían las miradas de envidia que despertábamos allá donde fuéramos. Creo que nos veían el aura, el saber que vivíamos algo que era irrepetible. Salvábamos el mundo cada día. Y ahora estamos definitivamente condenados a apagarnos lentamente, a consumirnos en el gris, a caer en el olvido de las páginas pasadas.

Nos hemos cargado la primavera.

Anda, mira a esos dos. Observa cómo se miran.
Cariño, ternura y pasión.
Me suena esa combinación.
Qué envidia.

Quizás no esté todo perdido.

31

La primera vez que probé el alcohol tenía ocho años y confundí un cubata de mi tío con mi fanta de naranja. Estábamos de viaje, recuerdo que me quedé dormido en cinco minutos, me metieron en la cama, me caí de ella en mitad de la noche y me desperté en el suelo de la habitación sin nada de resaca.

La primera vez que probé la cocaína fue dos meses después de que mi abuelo muriera. Llevaba esos dos meses sin salir casi de casa, y no dije que no cuando me ofrecieron. Me sentí protegido y con energía, pero sin entender cómo alguien podía engancharse a eso.

La primera vez que probé la marihuana fue en un pastel. Estaba en una casa rural con amigos y acabé con un ataque de risa en el tejado viendo las estrellas. Estaba nublado, pero nunca he visto Marte más cerca.

La primera vez que probé el cristal fue en Ibiza. Se hizo de noche en un parpadeo. No pude quitarme la sonrisa en toda la noche. Estoy seguro que desde fuera parecía tan patético como veía yo a los de mi alrededor, pero me daba igual todo.

La primera vez que probé un tripi escribí esta puta mierda.

La primera vez que te probé fue también la primera vez que quise repetir eso de probar una droga.

32

Hoy he soñado conmigo.
Iba por la calle y me encontraba a mí mismo,
pero de niño.

Era aquella vez que
con tres años,
me escapé de casa
con una mochila con
mi oso verde de peluche
y los bolsillos llenos de gominolas
que había cogido de la churrería
que tenían mis padres.

Me encontraba así,
en medio de la calle
y totalmente decidido
a largarme a explorar el mundo.

Maldito enano.

¿Dónde crees que vas?,
me decía.
¿Acaso no eres feliz en casa?
Yo no recuerdo
si con tres años era feliz.

Claro que sí, me río mucho,
me respondía.
Menos mal, pensaba mi yo adulto.

Venga, te acompaño de vuelta a la cama.

Y por el camino me decía
que estaba genial ser tan valiente
que me iba a hacer falta
que todo iba a salir bien
que iba a ser un niño grande
y entonces exploraría todo lo que quisiera.

Me mentí.

Pero al llamar a la puerta,
salía mi madre a recogerme.
Yo le contaba la historia
y mi madre no me gritaba, no se enfadaba.

Y al subir las escaleras
en sus brazos, yo,
mi yo pequeño,
iba sonriendo
y de qué manera.

Maldito enano.

33

Desde pequeña le pegaban. Desde muy pequeña.

Le costaba aprender a hacer ciertas cosas, y siempre le enseñaron a través del dolor. No entendía, no cabía en su pequeña cabecita, cómo esos que tenía tan cerca, que se supone que tenían que quererla, que protegerla, sólo tenían contacto con ella de manera tan brutal.

Y en realidad eso no era todo, porque se pasaba más tiempo encerrada que de ninguna otra manera. Encerrada y aislada de sus hermanos. Eso era lo peor, las paredes y la oscuridad agobiaban más que el dolor, que a veces tardaba días en irse.

Ella lo intentaba, intentaba hacer todas las cosas que le ordenaban a la perfección, para no provocar la ira que acababa en sufrimiento. Cuando cometía algún error, llegaba a pensar que era culpa suya, que se merecía el castigo por hacer las cosas mal.

Algunas veces veía a otros niños. Y quería ser como ellos, parecían felices, disfrutando afuera mientras ella estaba recluida. Oía sus risas y su corretear de un lado a otro, saciando su curiosidad. Ella no sentía curiosidad por nada, sólo le obsesionaba la idea de hacerlo todo bien para no recibir más dolor.

Eso, y la idea de ser como cualquier otro niño. O de ser, simplemente, un niño.

Porque ella era una osa, encadenada en la entrada de un circo.

34

Hay tantas cosas que cambiar del mundo...

A veces pienso que no podemos ya. Que lo hemos echado todo a perder. Que ya no valen los esfuerzos que hagamos. Que la hemos jodido.

Pienso en esos animales encerrados en los circos, maltratados durante toda su vida para divertirnos.

Pienso en que aún hay gente que considera un arte torturar a un toro hasta acabar atravesándole el corazón con un estoque. Y eso en el mejor de los casos, porque muchas veces hay que hacerlo hasta tres o cuatro veces. Es que no soy capaz de creerme no sólo que haya alguien dispuesto a matar así a un animal, sino que haya personas que pagan por verlo. Hay personas que crían desde pequeños a esos toros, los alimentan cada día, comparten con ellos momentos y luego los venden para que sufran ese destino que ya conocemos. No lo entiendo, os juro que no lo entiendo.

Hemos exterminado a miles de especies en nuestra historia. ¿Por qué seguimos permitiendo que eso suceda? ¿No hemos avanzado lo suficiente?

Parece que no, cuando cada año veo matanzas a delfines, cuando leo que matamos 12.500 tiburones cada hora, cuando veo por la calle a personas con abrigos de piel.

Pero es que no estamos sólo matando al mundo animal. Deforestamos bosques, le arrancamos los pulmones al planeta. Quemamos montes sólo para urbanizarlos después, talamos árboles para imprimir biblias (hasta para imprimir este libro...), destrozamos hábitats que no podemos controlar sólo por hacernos con el poder.

Vivimos en un mundo en el que se pueden comprar islas desiertas. Están en venta. Islas enteras. ¿Pero cómo somos tan prepotentes? La tierra no es nuestra.

Peor aún. Por un módico precio puedes comprar una estrella. No nos vale con creernos los dueños del mundo, sino que también tenemos que ser los dueños del

universo.

Y la verdad, no quiero hablar de lo que nos hacemos entre nosotros, no quiero perder toda la fuerza, no quiero pensar en guerras, en cómo matamos de hambre y sed a otros humanos mientras desperdiciamos comida, en niños soldado...

Decidme que vosotros tenéis esperanza. Que podemos dar marcha atrás a esta debacle. Decídmelo. Gritádmelo. Dejadme sordo de tanto vociferar "¡Esperanza!" por las calles. Lo necesito.

35

Dame aquí y ahora
un principio con magia, con pasión,
lleno de primeras veces,
y momentos originales,
de esos que crean terremotos,
huracanes, inundaciones,
desastres maravillosos en tu interior,

y puedes quedarte con todo lo que
suene a terminar, con todos los finales
de cuento, con todas las perdices.

36

He cruzado dos palabras con ella y ya sé que es una mujer de esas que dejan cicatrices.

Tiene todas esas cosas que me gustan superficialmente. Unos labios que llaman al mordisco, un cuerpo bonito, una forma de mirar que desnuda y dan ganas de borrar a lametones cada uno de sus tatuajes. O al menos, de intentarlo mucho rato.

Estaba delante de mí. Me contaba su historia. Aún no había empezado a profundizar y ya notaba que no me gustaba sólo por fuera. No sé, se reía de una manera diferente, y cuando levantaba los ojos justo después de bajar la mirada, los clavaba en los míos tanto que parecía que quería quedarse a vivir en mis córneas. Y yo no iba a desahuciarla de allí, eso seguro. Empezaba a tener ganas de que ella fuera lo primero que vería al día siguiente por la mañana al despertar, y de sólo necesitar abrir mis ojos para saber que seguía ahí durante toda la noche.

Ella debía de pensar lo mismo, porque me invitó a su casa. Llevábamos hablando de nuestras vidas toda la noche, y si quedaba algo por contar, podía esperar a mañana. Lo que no podía esperar era la llamada del instinto, la magia del instante antes del primer beso, las ganas reprimidas, la explosión de libertad que supone arrancar un primer gemido, los dientes en el cuello y todo lo que aquellas cuatro paredes no pudieron contener.

Al día siguiente, abrí los ojos, y allí estaba, dormida.

"No te voy a sacar de mi córnea", pensé.

37

Estoy comiendo melón frío
mientras intento escribir algo.
No sale nada.
Es frustrante los días que
tu cerebro no da señales
de vida,
que no funciona como
a ti te gusta.

No sé, aquí debería ir
alguna gran reflexión,
una metáfora cojonuda
sobre comer melón frío
a las tres de la mañana en agosto,
explicar el sentido de la vida,
qué es realmente el amor,
o cómo no tenerle miedo
a la muerte.
Pero no soy de esos poetas,
lo siento.

Y además,
hoy no es mi día.

Espero que
al menos
sí sea
el tuyo.

38

Quizás podamos querernos tanto
que la distancia tiemble de miedo.

39

Estás tocando el violín delante de mí, desnuda.

Yo también estoy desnudo, escribiendo esto. Me resulta muy complicado escribir delante de gente, pero no sé, tú te has puesto a tocar y yo necesitaba plasmar este momento.

Sudas arte. Lo he comprobado antes, en la cama, mientras nos enredábamos como si fuéramos de hiedra. Pero ahora es diferente, ahora estás en tensión pero perfectamente relajada, y tocas una melodía suave, ritmo de jazz, y noto la ebullición en tu cabeza, como transmites los movimientos a tus dedos y como estos te obedecen y crean la maravilla que llega a mis oídos. No sé cuántos años has tenido que estudiar para esto, pero te aseguro que todo ha merecido la pena. Porque te veo ahí, tocar para ti, porque ni siquiera tocas para mí, tocas para ti y yo observo, escucho, y brillas. Resplandeces. Ciegas la luz del sol que entra por la mañana en esta habitación de hotel de una Barcelona que sólo amanece y que ni siquiera intuye que está siendo retratada, por tu violín, por mis dedos en este teclado, y que queda, desde ahora, imborrable.

40

Desde que estamos juntos,
todos los pétalos
dicen que sí.

NEGOCIACIÓN

¿Cómo? ¿Tropezáis con uno que miente?, gritadle a la cara: ¡mentira!, y ¡adelante! ¿Tropezáis con uno que roba?, gritadle: ¡ladrón!, y ¡adelante! ¿Tropezáis con uno que dice tonterías, a quien oye toda una muchedumbre con la boca abierta?, gritadles: ¡estúpidos!, y ¡adelante! ¡Adelante siempre! [...] La más miserable de todas las miserias, la más repugnante y apestosa argucia de la cobardía es esa de decir que nada se adelanta con denunciar a un ladrón porque otros seguirán robando, que nada se adelanta con decirle en su cara majadero al majadero, porque no por eso la majadería disminuiría en el mundo. Sí, hay que repetirlo una y mil veces: con que una vez, una sola vez, acabases del todo y para siempre con un solo embustero habríase acabado el embuste de una vez para siempre.

El Sepulcro de Don Quijote, Miguel De Unamuno

Tarde o temprano sanará tu herida,
y no será el momento de hacer frases.

Luis Alberto de Cuenca

Soy el loco que cree que la risa lo cura todo.

Patch Adams

Descubrí el secreto del mar meditando sobre una gota de rocío.

Antonio Machado

La frase con alambre de púas, la palabra laboriosamente rara, la afectación intelectual del estilo, son todos trucos divertidos, pero inútiles.

Raymond Chandler

Llévala a la luna por mí, Alegría.

Inside Out

—No seas tan idiota.
—Déjame. Soy así. Y a veces hasta me gusta ser idiota.
—Lo demuestras a menudo. Tanto chiste y tanto intentar hacer gracia. A veces quedas como un graciosillo, ¿sabes? De esos que crean silencios incómodos.
—Las carcajadas que provoco otras veces compensan cualquier momento de esos. La he hecho llorar de risa a ella. Eso no tiene precio.
—Algo tienes que cambiar para que todo vaya mejor. No sé, quítate la barba, deja de ponerte esas camisetas ridículas, no te hagas más tatuajes...
—Y una mierda. Oye, tú no mandas. Además, estás diciendo cosas superficiales. Si todo va mejor por cambiar algo superficial, quizás es sólo porque estás agradando a los demás, y si lo que agrada al resto es algo superficial, no quiero a ese resto cerca de mí. Que les den.
—Vale, vale, cálmate. Quizás no deberías exaltarte tan rápido. ¿Ves? Ahí hay algo que cambiar.
—En eso te doy la razón a medias. Pero, joder, me gusta mucho ser vehemente. Aunque es cierto que a veces me malinterpretan en ese sentido...
—Bien, algo es algo. Y oye... ¿Tienes que seguir siendo tan infantil? Que te estás lavando los dientes con un cepillo de Buzz Lightyear.
—Eh, eh. Un respeto. Que Buzz dijo: *"Hasta el infinito y más allá"* y desde entonces no me conformo con menos. Deja mis conexiones con la infancia, mis frikadas me hacen feliz.
—Pues nada. Otro día que no avanzamos.
—Y que siga así mucho tiempo. No voy a ceder a tu presión, ahí te quedas.
—¿Que aquí me quedo? Me da que te acompaño. No olvides que sólo soy el reflejo en el espejo de tu baño.

Síndrome de Frankenstein

Hace referencia al temor de que las mismas fuerzas utilizadas para controlar la naturaleza se vuelvan contra nosotros, destruyendo al ser humano. La novela de Mary Shelley, publicada en 1818, recoge esa inquietud. «Tú eres mi creador, pero yo soy tu señor», le dice el monstruo a Víctor Frankenstein al final de la obra. Se trata de la misma inquietud expresada décadas después por H. G. Wells en *La isla del Dr. Moreau*, el científico que trataba de crear una raza híbrida de hombres y animales en una isla remota, y que consideraba estar trabajando al servicio de la ciencia y la humanidad. Sus engendros acaban volviéndose contra él y destruyéndolo. La naturaleza vence.

Nunca regalo flores. Tengo la sensación de que es como regalar bonitos cadáveres, felicidad con fecha de caducidad.

No me gusta modificar los paisajes. Buceo mucho, y he encontrado piedras maravillosas, conchas enormes, e incluso alguna estrella de mar. Siempre se han quedado donde estaban.

Suelo pensar que nuestra generación acabará destruida por alguna especie de virus zombi. Ya tengo incluso preparada una ruta de evacuación y sé cuáles son las armerías que están cerca de mi casa. Esta es mi confesión friki de hoy. Tengo miedo de la naturaleza. Creo que acabará barriéndonos de la que en realidad es su casa y no la nuestra. Y no sé si mejor, pero en ese momento, el mundo será más bonito.

41

Una vez encontré a una chica que no era una chica, era un libro.

La encontré en una librería, evidentemente. Estaba tan quieta como los miles de ejemplares que había por todos lados, forrando las paredes. Lo miraba todo como queriéndose empapar del mundo entero. De lo malo y de lo bueno. Nadie parecía darse cuenta de que estaba ahí, claro, pasaba desapercibida entre tantos tomos. Yo, quizás, sólo tuve mucha suerte ese día, como cuando encuentras tu libro preferido en una biblioteca. Podrías haber elegido entre mil diferentes, pero no, eliges ese que te acompañará toda tu vida. Yo soy de los que creen que los libros también te eligen a ti, que la relación es bidireccional.

Como decía, tuve mucha suerte. Me fijé en ella y quise abrirla, leerla, empaparme de todo lo que tenía por dentro. Sabía que tras cada página escondería un secreto, que estaría llena de magia, de misterio, de intriga, de fantasía. Que encontraría en ella todo lo que no esperaba, todas las tramas que completan una vida cargada de pasados, todos los géneros y toda la magia que cabe esperar en un libro más único que todos los libros. Pero claro, también tenía que elegirme ella a mí.

Leer personas no es tan fácil como parece.

42

Querernos de esa manera que se ve.
¿Sabes lo que digo?
Ves a dos personas en una cafetería.
No se están tocando, no se besan,
no hay nada que te diga que se quieren…
Pero lo sabes.
Eres capaz de ver ese vínculo,
el amor flotando,
la burbuja en la que están.

Quiero quererte de esa manera.
Que nadie que nos mire dude
que está viendo el milagro que supone
el amor correspondido.

Y que se muera de envidia
como lo hago yo ahora mismo
mirando a esta pareja que tengo delante.

43

A veces llamamos
escuchar música
a lo que en realidad es
escuchar recuerdos.

44

No puedo seguir viéndote.

No, porque voy a acabar mal. Tú tienes novio, un hijo, un futuro, y yo solo soy el islote al que escapas cuando todo empieza a ahogarte. Y hasta ahora era maravilloso, divertido, y me gustaba que vinieras a mí en esos momentos, pero cada vez tengo más claro que voy a querer más y no te vas a quedar en este islote.

Lo tuyo es ir y venir, volverme loco a ratitos, y dejar tu estabilidad para tu vida. Yo estoy fuera de ella, pero dentro de ti. Soy tu Fortaleza de la Soledad, tu casa de hielo y fuego, tu cama de arenas movedizas.

Y nada más.

Después, te vistes y te vas.

Vuelves a tu normalidad mientras dejas un hueco en mi cama que al principio sólo era como un vacío pequeñito y ahora tiene más pinta de agujero negro capaz de devorarme, de engullir la habitación, las paredes y hasta a esa vecina que siempre se queja de que hacemos demasiado ruido en nuestro éxtasis.

Mierda, tampoco soy capaz de dejar de verte.

Venga, me lo prometo a mí mismo, voy a dejar de verte.

Voy a dejar de verte el día que te vayas de mi casa sin llevar puesta esa sonrisa enorme que, como mínimo, sí soy capaz de crearte.

45

Eres tan peligrosa que aun sabiendo
que cuando jugaba contigo, jugaba con fuego,
al final no pude evitar
acabar ahogado.

46

Decía Luis García Montero:

Me persiguen
los teléfonos rotos,
cuando voy a buscarte
y las calles enteras están comunicando.

Y yo, que llevo meses comunicando, apagado o fuera de cobertura,
que en mi vida suena demasiado a menudo eso de
«el usuario al que llama no se encuentra disponible en este momento».
Como un teléfono roto que ya no recibe mensajes,
como un número apuntado en una agenda vieja,
como un móvil sonando en medio del Sáhara,
como la batería descargada que se ha olvidado de cómo sabía la electricidad.
Y no sé qué se hace ahora.
Pero... eh, que estoy seguro de que tú me vas a enseñar.
¿Empezamos?

47

¿Recuerdas aquella margarita
que deshojamos juntos
el primer día?

Tú estabas empeñada,
decías:
"Si sale SÍ, es que
el destino quiere
que estemos juntos".
Y salió sí.

Pero no.

Yo le había quitado
una hoja,
al darme cuenta
antes de empezar
de la respuesta que nos daría.

Y salió sí.

Ese día me di cuenta
de que las cosas importantes
no se dejan al azar,
de que uno se crea
su propio destino.

48

Tengo mi pasaporte
lleno de historias mucho mejores
que cualquiera que haya leído.

Porque son mías.
Porque las he creado yo.
Porque son mis cicatrices,
mi pasado, mis heridas,
mis alegrías en forma de sello.

Quizás por eso los pasaportes
tengan forma de libro.

49

Todos los días quisiera ser otra cosa.

Hay días que quisiera ser aprendiz de Paco de Lucía, otros ser bebé y que mi máxima preocupación fuera elegir entre la teta derecha y la izquierda, muchas veces quiero tener una vocación que de verdad ayude al mundo, ser enfermero o buscar una cura contra el cáncer, añadiendo además que siempre he querido vivir todas las vidas de las que habla Sabina en la del Pirata Cojo.

Pero es que a veces incluso es peor. A veces quiero ser objeto.

Ser un boli y sentir cómo me exprimen cada gota de tinta dibujando corazones en los márgenes de los libros de texto.

Ser un paraguas para no dejar que te mojes a no ser que decidas apartarme de encima.

Ser tu coche. Porque no sabes lo sexy que estás cada vez que cambias de marcha.

Ser un nórdico para pasar cada noche del invierno pegado a tu cuerpo.

Ser tu móvil para que te pases todo el día toqueteándome.

Ser un flash de lima limón y derretirme al calor del verano.

Ser un plátano. Que me devores, literalmente.

Ser la máquina de escribir de un poeta roto.

Ser tus bragas favoritas

y notar lo que sientes cuando te las quitas sin mí.

50

Quizás deberíamos reflexionar sobre
por qué las galletas robadas de la caja
saben mejor que las que tu madre
te daba pidiéndoselas,
por qué los besos furtivos
dejan una cicatriz más grande
que los rutinarios,
por qué el sexo en público
es tan morbosamente adictivo,
por qué colarse en sitios prohibidos
nos atrae tanto,
por qué parece que la vida
tiene más color
cuando las cosas
las hacemos
a escondidas.

O quizás no.

Quizás deberíamos hacer todo eso
y no plantearnos nada más que
qué rico todo
en la clandestinidad.

51

Un día estabas asomada en el balcón. Corría la brisa y llevabas una de mis camisetas, que te llegaba casi hasta las rodillas. Era mía, de mis preferidas, y como te quedaba grande la habías anudado en uno de los lados creando un vestido cómodo. El viento movía tu pelo salvaje y te ceñía la camiseta al cuerpo, que se intuía desnudo debajo.

Delante de ti, sólo cielo y mar.

Esa es la imagen más vívida que guardo en mi memoria.

Creo que nunca te lo dije, pero no te he visto jamás tan hermosa como en aquel momento.

52

Nadie habla del miedo que tienen
los miedos a quedarse sin ti.

53

El día que desaparecí el mundo me aburría.

El día que desaparecí, toda la calle era una procesión de bolsas de basura abandonadas, vestidas de persona, pero oliendo igual de mal.

El día que desaparecí, los pocos niños que quedaban en la ciudad no jugaban, no corrían, no reían. Estaban todos preocupados porque sólo les quedaba una vida para pasarse el videojuego, o porque tenían actividades extraescolares y no llegaban a tiempo.

El día que desaparecí mi ciudad se había sumido en la locura. Quizás llevaba tiempo así y yo era tan tonto de no verlo.

El día que desaparecí la música no invadía las aceras, nadie sonreía y no se veían parejas ni turistas disfrutando del buen tiempo. Quizás era porque llovía tanto que era difícil ver a dos metros.

El día que desaparecí mi cafetería favorita estaba cerrada por reformas y las bibliotecas cerraban porque era festivo.

El día que desaparecí no encontré el lugar correcto, porque el lugar correcto es aquel que encuentras sólo cuando has dejado de buscar.

El día que desaparecí empecé a resumir mi vida en una maleta encontrada por casualidad en el altillo del baño mientras los teléfonos no dejaban de sonar.

El día que desaparecí fue porque te había encontrado, y todo esto me dio exactamente igual.

El día que desaparecí, por suerte, desapareciste conmigo.

54

A lo mejor lo que necesitamos es alguien
que acelere
cuando se está acercando el precipicio.

55

Me he dado cuenta de que las palabras que más uso son *ojalá* y *quizás*.

La primera me da mucha rabia. Creo que hay dos palabras que me producen esa rabia, una es *pero* y otra *ojalá*. La primera habla de todo lo que pudo haber sido y no fue, la segunda, de lo que deseas que sea y quizás nunca suceda. Oh, ahí está otra vez el *quizás*. Esa sí me gusta, porque me gusta no estar seguro de las cosas cuando hablo. No me gusta sentenciar, y tengo tantas pocas cosas claras en la vida que me gusta que eso sí que quede claro. Que sé de muy poco, y aun de lo que sé estoy siempre poniéndome en duda. Me encanta revisarme, cuestionarme.

Así que espero no dejar de usar nunca *quizás*. Ojalá.

56

Siempre apuesto por el amor.
No sé si es adicción al riesgo,
al cosquilleo en la tripa,
a esa magia de cuando follar
no es sólo follar,
a observar el brillo de tu pelo
cuando te lo cepillas,
tal vez sea por notar las ganas
galopando por mis venas,
quizás el vértigo que supone
la venda en los ojos de la confianza ciega,

o, qué carajo,
una adicción insana al fracaso.

57

Hay cosas que no se pueden explicar. El amor a la literatura es una de ellas.

No se puede explicar cómo te atrapan las casualidades de Cortázar, la valentía de Hemingway, la oscuridad de Oscar Wilde, las ganas de aventuras al leer a Julio Verne, la crudeza de Bukowski, la revolución que supuso Cervantes, el erotismo de Sade, la pasión de Lope, la delicadeza de Jane Austen, la imaginación de Mary Shelley, la lucha de Víctor Hugo, la transgresión de Dickens, el miedo que te mete en el cuerpo Bram Stoker, la complejidadad de Proust, el perfecto retrato de la naturaleza humana de Joyce, el interior metamórfico de Kafka, la magia realista o no de García Márquez, la perversión de Nabokov, la entrega a su escritura de Capote, el amor en su máxima expresión de Neruda, la clarividencia de Borges, los ideales de Miguel Hernández, las imágenes de Alberti, los infiernos de Dante, el síndrome de Stendhal, la gracia de Quevedo, que Stevenson fuera *Tusitala*, la inteligencia emocional de Saramago, la locura de Kurt Vonnegut, la forma en la que atrapa el túnel de Ernesto Sábato, el retrato de España de Rafael Chirbes, haber crecido en el mundo mágico de J. K. Rowling, las risas con Ibáñez, los enigmas de Pessoa, la visión infantil e imprescindible de Antoine de Saint-Exupéry, la forma de despejar la niebla de Unamuno, la cercanía de Delibes, la *saudade* de Rosalía, las letras cantadas de Víctor Jara, los delirios de Valle-Inclán, lo interminable que podría ser esta página, llena y llena de todos los que han llenado mi vida de tanta letra, y a los que no puedo estar más agradecido.

58

Hay un poema muy corto,
muy corto,
que siempre me ha maravillado:

Tú.

59

La fugacidad de las coletas.

Como un visto y no visto, nos indican lo bello de lo efímero. Son el polvo rápido pero intenso del pelo.

Creo que hay magia en la forma de colocarse el cabello.

Los moños son algo más serio, el paso previo a una relación. Son de andar por casa, pero aún conservan las ganas de los primeros días. Siempre preparados para despeinarse pero manteniendo el tipo.

Yo me fijo mucho en las trenzas. Noto dedicación en ellas, interés, conexiones. Las trenzas son como las relaciones estables, maravillosas al principio, pero con el paso del tiempo la mayoría acaba sacando un mechón por allí y otro por allá y terminan en desastre. Hay que cuidarlas cada día, recolocar esos pelos díscolos que suponen un problema pequeño pero que acaban convirtiéndose en lo que fuerza a deshacer la trenza entera.

No sé, me fijo mucho en el pelo, me asombra la variedad de maneras de llevarlo.

Pero tú, tú siempre me gustaste más con el pelo suelto.

60

Eres tan diferente,
que me haces sentir estúpidamente
normal
a tu lado.

DEPRESIÓN

La publicidad nos hace desear coches y ropas, tenemos empleos que odiamos para comprar mierda que no necesitamos. Somos los hijos malditos de la historia, desarraigados y sin objetivos. No hemos sufrido una gran guerra, ni una depresión. Nuestra guerra es la guerra espiritual, nuestra gran depresión es nuestra vida. Crecimos con la televisión que nos hizo creer que algún día seríamos millonarios, dioses del cine o estrellas del rock, pero no lo seremos y poco a poco nos hemos dado cuenta y estamos, muy, muy cabreados.
No sois vuestro trabajo. No sois vuestra cuenta corriente. No sois el coche que tenéis, ni el contenido de vuestra cartera. No sois vuestros pantalones. Sois la mierda cantante y danzante del mundo.

El Club de la Lucha, Chuck Palahniuk

No sé lo que me pasa,
que tropiezo con las nubes.

Miguel Hernández

Cuando cortejas a una bella muchacha, una hora parece un segundo. Pero te sientas sobre carbón al rojo vivo, un segundo parecerá una hora. Eso es relatividad.

Albert Einstein

No estoy tan enamorado de mis propias opiniones que ignore lo que los demás puedan pensar acerca de ellas.

Copérnico

Me siento infinito.

Las ventajas de ser un marginado, Stephen Chbosky

Un 0-0 es como un domingo sin sol.

Alfredo Di Stéfano

He sentido dolor muchas veces en mi vida. Dolor físico también, pero dolor emocional sobre todo.

Quizás el primer dolor que recuerdo es cuando con cuatro años perdí a mi osito de peluche. Pensé que nunca jamás iba a poder dormir.

Cuando tenía doce años se murió mi profesora. Los chavales del pueblo donde vivía desde hacía sólo tres meses lo celebraban por las calles. Incluso compraron petardos. Yo le preguntaba a mi madre por qué no se habían muerto ellos, y eso que la profesora ni siquiera me caía bien.

Con catorce años me enamoré. O eso pensaba yo en aquel momento. La vida me ha demostrado que aquello no era amor. Pero para mí, que Irene, así se llamaba, no me quisiera, suponía que se viniera abajo todo mi mundo. Intenté suicidarme. Una idiotez de niño pequeño, la mayor de mi vida. Aún hoy no soy capaz de desentrañar en mi interior si aquello fue una estúpida llamada de atención o si, de no haberme parado a tiempo, lo hubiera llevado a cabo. Era tan estúpido que seguramente sí, lo habría hecho.

Dos años después falleció mi abuelo. Y sentí por primera vez el dolor de lo que perdemos para siempre. El dolor del vacío, del no retorno. El dolor de lo imposible.

Porque te anclas en todas esas cosas que te quedaron por hacer y lo que darías por recuperarlo. Todo, sin duda.

Soy un chico sensible. Me han dolido muchas cosas en mi vida, incluso estuve deprimido alguna vez. Da igual. Ahora no. Ahora he entendido que la pena y el dolor emocional son dos compañeros más. Y el chico sensible que soy agradece que no intente arrebatarme esa parte de mí.

Síndrome de Madame Bovary

También conocido como *bovarismo,* se define como un estado de insatisfacción crónica de una persona, en los planos afectivo y social, producido por el contraste entre sus ilusiones —marcadas por cierta imaginación y romanticismo— y la realidad, que suele frustrar las ambiciones vanas y desmesuradas. El término fue utilizado por primera vez por el filósofo francés Jules de Gaultier y alude a la novela *Madame Bovary*, de Gustave Flaubert, en concreto a la figura de su protagonista, Emma Bovary.

El romanticismo acabará conmigo. Y eso que no vivo un romanticismo clásico, plagado de melodrama y de intentos de suicidio. Mi romanticismo se manifiesta en mi manera de ver la vida, siempre queriendo más y mejor, nunca conformándome, siempre luchando. El problema es cuando eso acaba, y esto pasa la mayoría de las veces, en chocar de cara contra el muro. Y ya me quedan pocos dientes que partirme. En esos momentos es difícil no caer en un estado de melancolía y dejar que el romanticismo clásico, ese del drama por el drama, inunde tu vida.

Pero... hay más paredes que derribar, aunque sea a cabezazos.

61

Te has ido con otro.

Llevas toda la noche susurrándome al oído lo mucho que te apetece follarme, todo el tiempo que llevas pensando en ese momento en el que al fin te baje las bragas, y qué bien nos lo vamos a pasar.

Y te has ido con otro.

¿Sabes lo que pienso en este momento?

Puta.

Yo, joder, yo, que sermoneo a todos mis allegados cada vez que llaman guarra, cerda o zorra a una mujer, hablándoles de la libertad individual, de que cada uno con su coño o con su polla puede hacer lo que quiera, de que nadie es quien para juzgar a otros por lo que follan o a quien se follen, que fuera represión y que vivan los cuerpos liberados.

Yo, me revuelco como un cerdo en su propia mierda y pienso: puta.

Me lleno de hipocresía, me doy asco a mí mismo y no dejo de pensar: puta.

Y reflexiono, joder, reflexiono, en cuán jodidos nos tiene este mundo patriarcal.

Esta educación que he recibido, de la que no puedo escapar, que me condiciona y me hace pensar: puta.

Este bombardeo masivo diario en la televisión, en Internet, en la publicidad, hasta en el porno que me hace pensar: puta.

Yo, que me considero feminista, que soy consciente del poder del lenguaje, que estoy comprometido en cambiarlo, que veo el problema de mi pensamiento, que sé que está mal, que nunca lo diría en alto, me grito por dentro: ¿Hasta dónde me han metido esta mierda de manera de pensar?

Y en mi cabeza sigue: puta.

Me encantaría justificarme. Podría hacerlo poéticamente.

Escribir lo que quisiera en este texto, por ejemplo, que sólo pienso "puta" por mis ganas de llamártelo a solas, en un contexto en el que los dos sepamos que sólo es un juego, en el que nos entendemos y no hay juicios, no hay culpables ni inocentes.

Pero no me da la gana. Me asquea pensar así y al final sólo yo tengo la culpa de ello.

No eres ninguna puta, lo tengo claro. No quiero justificarme, quiero dejar de pensar así, y no volver a usar nunca esa palabra con una mujer, ni siquiera en mis pensamientos.

Que me jodan. Hoy, me merezco que te hayas ido con otro.

62

¿Sabes? En realidad no debería contarte esto… pero lo voy a hacer. De entrada, tengo que explicarte que siempre he sido contrario a las metarreferencias, a eso de hablar de lo que estás haciendo dentro de lo que estás haciendo. Me explico: ¿Conoces la canción de Sabina *Si volvieran los dragones*? En esa canción, Sabina canta en uno de sus versos "Si acabara bien esta canción". Pues eso de hablar de la canción en la propia canción… eso es una metarreferencia. Sé de sobra que no hacía falta que te lo explicara, pero, eh, era una manera de hablar de una canción de Sabina y eso siempre está bien. Pues yo intento no usar metarreferencias, siempre me ha parecido que te sacan del libro/canción/loquesea en lo que estés metido, por eso procuro usarlas poco, aunque alguna vez he caído. No tan hasta el fondo como lo estoy haciendo ahora. Y todo para explicarte una paranoia mía, una especie de justificación rara que quizás debería quedarse en mi cabeza, un miedo de algo que sabes que ocurrirá y por lo que necesitas taparte el culete.

El texto anterior, el que acabas de leer, acabará sacado de contexto. Alguien hará una foto a medio texto, obviando el final, y lo usará para insultarme. Lo sé. Hacedme caso, conozco las ganas de malmeter de alguna gente. Me daba miedo incluirlo en este libro sólo por ese motivo. "Si no les das carnaza a los que te odian, no te insultarán." Pues no, no es así. Si no les das carnaza, se la inventarán. Si la mayoría ni siquiera tiene motivos. Algunos leerán esa descontextualización de parte del texto y se lo creerán. Se tragarán que es sólo eso. Y lo tomarán y usarán como algo que me ha sucedido a mí, me llamarán machista, omitiendo deliberadamente su final, que para mí, es la razón que justifica todo el texto.

Ojalá, por cierto, te haya hecho pensar. Porque para eso está escrito. No es algo real, no me ha sucedido, y está escrito en primera persona porque es de la manera en la que mejor sé expresar las cosas. Y aquí viene el porqué de toda esta gran metarreferencia: No todo lo que habéis leído aquí es verdad. No todo lo que se lee en ningún poemario es verdad. No todo lo que se ve en una película es verdad. A veces, incluso, nada es verdad. ¿Y? ¿Es importante? Piensa en cómo te hacen sentir las cosas, no en si son verdad o no. Como dicen los italianos: "*Se non è vero, e ben trovato*". Si no es verdad, está bien contado. No importa nada más que eso, lo que nos hace sentir, lo que nos hace pensar, lo que nos hace cambiar.

Piensa. Siente. Cambia.

63

Me he pasado la vida
despegando fotos de la pared
entre mudanza y mudanza
para al final darme cuenta
de que sólo necesitaba
despegarme yo
de la idea de tener una casa
que fuera un sitio
y no un tú.

64

Conocí a una chica hace más de seis años.
Ella cambió mi mundo
con una carta enviada
por correo electrónico.
Acabamos teniendo una casa,
dos gatos,
un coche,
que en realidad era todo suyo.
Me fui de su vida
como entré, sin nada.
Espero que no la dejara tan rota
como me dejó a mí.

Gracias a ella cumplí mis sueños.
Creía en mí
mucho más que yo mismo.

No sé contar todo
lo que aprendí de ella.
Durante mucho tiempo
pensé que era la mujer de mi vida.
No os voy a engañar,
lo sigo pensando.

No he conocido a nadie
con tantas ganas
de salvar al mundo.
A nadie que derroche
tanto amor por sus semejantes.

Es esa clase de personas
que te hace pensar que todo
merece la pena.
Hasta las penas.

Se dedica a cuidar personas.
También las cura.
Ella diría que no,
que eso lo hacen los medicamentos.
Yo sé que sin ella
muchos de sus pacientes habrían muerto.
Algunos le deben la vida.
Y lo saben, ellos lo saben.

Yo se la debo.
Me la salvaba cada día.

Brisa, este poema es para ti.

65

Lo primero que hice después de que me dejaras fue vomitar. Nunca había sentido esa "angustia", como decías tú de forma tan poética. Yo las llamo náuseas. Y nunca las había sentido de esa manera. Se revolvían dentro de mí como las palabras que te dije, como si ni siquiera ellas fueran capaces de asimilarlas.

"Todo es diferente ahora, ya no estamos juntos."

Lo segundo que hice fue irme. Puto niñito cobarde que soy, sí. Pero no había nada más que hablar, todo lo que decías me dolía y lo último que quería era acabar mal. Tú y yo podíamos acabar, eso a estas alturas ya es evidente, pero no podíamos acabar mal. No podíamos. No podemos. No.

"Me voy, necesito irme. Sé que no lo entiendes, pero ya me da igual que no me entiendas, ya no somos nada. Ya da igual, da igual, da igu..."

Lo tercero que hice fue escribir esto. Y creo que cuando le ponga punto y final, de verdad asimilaré que se ha acabado todo. Por eso me da más vértigo acercarme a la última línea que a cualquiera de los acantilados a los que me asomado en toda mi vida. Más incluso que a aquellos desde los que he saltado.

Pero no sé, hay que cerrar etapas.

O no

66

Lo que más me gusta de la gente que dice: “El amor no existe” es hacérselo.

67

La chica del público me mira.
Lo he notado, ha conectado conmigo.
Ha reído cuando he contado un chiste,
ha llorado cuando me ha escuchado romperme.

La noto temblar desde aquí arriba.

No deja de mirarme.
Pienso que podría follármela si quisiera.
Está hecho. Sólo tendría que decirle ven.

No me resulta una idea interesante.
Es guapa, está buena, parece buena chica.
Ha venido hasta aquí a verme.

Pero no.
Ya tengo lo que quiero,
aunque no lo tenga aquí.
Y no necesito más.

68

Estar en tu presente es el mejor presente.

69

Es difícil describir en unas líneas lo que siento, porque ya no estás en este mundo. En nuestra memoria está la clave de tu existencia ahora y así será eternamente. No puedo abrazarte, no puedo besarte, no puedo volver a repetirte cuánto te quería y cuánto te queríamos. Pero lo sabías.

Has tenido una vida dura, pero plena. Y eso se notaba en cada enseñanza, en cada arruga, en cada sonrisa.

Una vida llena de momentos reseñables, llena de amor, llena de vida, llena de bailes, llena de disfraces, llena de noches de boda, llena de Brumel, llena de hablar en voz alta, llena de Nochebuenas, llena de "madre a la puerta hay un niño", llena de aguinaldos, llena de Nocilla calentada en el brasero, llena de Segura de Toro, de Madrid, de San Sebastián, de Estellencs, de Hervás, de Béjar, llena de recorrido, llena de trabajo, llena de alegrías, llena de nietos y hasta de bisnietos, llena de besos, llena de tortilla de patatas, llena siempre tu casa, llena de familia, llena.

Quiero rescatar un momento de tu vida que deseo no olvidar nunca para que existas siempre.

Estellencs, Mallorca. Años 60. Sentados en una mesa tu hermana Tere, su marido Cipri y el que acabaría siendo mi abuelo, Pedro. Se están planteando volver a casa, a la península, porque el trabajo no es suficiente y habíais venido a probar suerte solamente. En un momento de la conversación, Pedro te toca con la pierna por debajo de la mesa y te mira diciendo que no con la cabeza. Tú lo entiendes, y entre vosotros, que nunca había pasado nada, ese NO perdura para siempre, no volvéis a separaros. Os unió más ese «NO» que cualquier «Sí, quiero».

Si yo creo en el amor para toda la vida es por vosotros, por ese momento, por toda mi vida observándolo en vuestra casa.

A veces deseo creer muy fuertemente en el cielo, en todo lo que nos han contado, no por mí, sino por vuestro reencuentro, por la eternidad que os merecéis juntos.

Ojalá exista el amor después de la vida y ya lo estéis disfrutando.

70

Dijimos que no habría romanticismo tradicional,
me juraste que lo nuestro no tendría nombre
o que buscaríamos una manera de llamarlo,
que no iba a ser “amor”,
que el amor era para los tontos.
Y qué tontos fuimos los dos.

71

Te levantas y te desperezas. Como cada día, aunque yo no termino de acostumbrarme a tenerte ahí, a distancia de empalmada de recién despertado. Me miras, de cerca me miras, y me haces pensar en Cortázar y en los cíclopes y en que dentro de exactamente ocho minutos y medio voy a estar dentro de ti.

Aún no sabes todo lo que eso me perturba. Lo increíble que me parece tenerte cerca.

Lo difícil que es creérmelo del todo. La verdad... espero que nunca sea rutina.

Que cada despertar me sorprenda a mí mismo maravillándome por el tatuaje de tus costillas. Por tus reacciones de gata. Por lo rápido que se te eriza la piel cuando te rozo. Por lo voraces que nos volvemos antes del desayuno.

Te levantas y te desperezas. Pones música, y es casi mediodía y tienes que irte a trabajar. Hoy no hay tiempo para ocuparnos el uno del otro. Salir de tu cama es tan difícil como escapar de Alcatraz, y tan duro como dejar atrás tu desnudez.

A veces pienso en despertarme en medio de la noche y montar un búnker de libros en medio de la habitación. Con mis gatos, comida para dos semanas, chocolate para un mes y cerveza. Que el tiempo pase fuera.

Pero te tienes que ir, ya estás vestida y no hay vuelta atrás.

Es lo mejor. Luego volverás a ser mía y yo tuyo.

Tienes que salir a la calle para contagiar al mundo de tu alegría.

Porque tú me haces pensar que es posible que los científicos acaben creyendo en la magia.

72

A veces me siento así contigo.
Como si fuese un cigarrillo,
y tú la llama del mechero.
Incompleto, sin ti.
Como si te necesitara para
cumplir el propósito
para el que he sido creado.

Pero cuando me acerco
prendo, me enciendo,
ardo lentamente
hasta extinguirme,
y quedo tan útil
como una colilla.

Pero eh, he vivido
lo que era rozar tus labios.
Y si tengo que consumirme…
Prefiero que sea
habiéndome incendiado.

73

No sabéis lo mucho que me gusta haber nacido en España.

Amo a España y daría mi sangre por ella y no es coña.

La amo porque, para empezar, aquí nacieron mis abuelos, y eso los hizo ser como eran y enseñarme lo mucho que me enseñaron. La amo porque no veo la mierda que es ahora, sino lo mucho que hemos contribuido a que el mundo sea mejor. La amo porque siempre ha estado jodida, y aun así, España sigue aquí. En pie. Y con mentes capaces de hacer que se mueva y siga caminando.

Amo a España por su gente, hasta por los obreros que votan a la derecha, aunque me cueste.

Amo a España por Cervantes, por Buñuel, por Alberti, por Lorca, por Dalí, por Rosalía de Castro, por Sabina, por Durruti, por Fernando Fernán Gómez, por Machado, por Labordeta, por La Pasionaria, por El Greco, por Pedro Calzado, por María Valverde, por Picasso, por Juan Sebastián Elcano, por Clara Campoamor, por Severo Ochoa, por Manuela Carmena, por Juan de la Cierva, por Azaña, por María Zambrano, por Berlanga, por Delibes, por Espronceda, por Lope, por Zahara, por Pedro Salinas, por Valle-Inclán, por Paco de Lucía, por Bernabéu, por Camarón, por Ortega y Gasset, por Antonio Flores, por Unamuno, por Santa Teresa de Ávila, por Ramón y Cajal, por Raúl, por Alejandro Finisterre, por Francisco Ibáñez, por la cantidad de nombres que se me vienen a la cabeza.

Amo a España porque tuvimos un rey al que llamamos "El Sabio", y a ver dónde pueden decir eso.

Amo a España porque volvimos de Cuba silbando, porque hemos perdido el imperio más grande que ha existido y seguimos aquí, porque le dimos permiso a Napoleón para pasar a Portugal y nos invadieron.

Amo a España porque aquí las mujeres son mejores que los hombres desde siempre.

Amo a España porque no existe patria mejor para crecer, para desarrollarme, que en una en la que tenemos tantas virtudes como defectos, tantas cosas que cambiar como historia que mantener.

Amo a España porque no me imagino un país mejor que este que tanto esfuerzo nos pide.

Amo a España porque estoy convencido de que podemos cambiarla.

Yo lucharé por ti, porque tengo mucho por lo que darte las gracias.

74

Ella es esencia,
pero se diluye.
Como una pompa de jabón
al viento,
justo antes de explotar,
mágica y volando.

Y de repente,

explota

y ya no está.

75

Hoy quiero dar marcha atrás. Pulsar el botón del *rewind* en el mando y notar como la cinta VHS se va rebobinando, siempre a la misma velocidad. O sacarla del vídeo y hacerlo yo mismo con los dedos. Si fuera un *casette*, lo haría con un boli, claro.

Quiero dar marcha atrás. Volver a esa época en la que la felicidad máxima era esperar junto con mis primos a que el bote de Nocilla que acabábamos de comprar en el mercado de abastos se calentara en el brasero, para acabar con las existencias de pan de casa de mi abuela. Merendar y salir corriendo a la calle con nuestro flamante balón nuevo recién comprado que acabaría pinchado antes de que se pusiera el sol. Y volver a casa con heridas de guerra, con sangre en las rodillas y sabiendo que nos tocaba una sesión de mercromina. Y cenar pensando en volver a salir a la plaza, en que de noche se jugaba mejor al escondite pero peor a las chapas. Correr, correr y correr. Como si andar no existiera. Escapar de todo corriendo, como veía que lo hacía Mortadelo siempre que se la liaba a Filemón.

Y al volver a casa, tirar un colchón en medio del salón para ver todos juntos *Robocop*, mientras volvíamos locos a nuestros abuelos pidiéndoles más Coca Cola, que sabíamos que ya no nos darían, porque era de noche y los niños no bebían Coca Cola por la noche. O ir al cine en aquella época en la que las entradas infantiles eran más baratas, y que cuando iba con mis primos llenábamos nosotros solos un par de filas. *El Rey León* por Navidad.

Había muchas posesiones valiosas en aquella época. La Game Boy, el tarro de las canicas, las monedas de dos mil pesetas que me dieron cuando hice la primera comunión, mis Playmobils, la ficha de jugar a la rana que robé de aquel bar al que siempre iban mis padres y al que nunca volví por miedo a que me pillaran, la Polaroid por la que me hice fotógrafo, la colección de Tazos…

Hoy, ya no tengo nada de eso.

Hoy, mis mejores posesiones son todos esos recuerdos.

76

Tú eres una de esas historias
que sólo pasan en las películas.

77

El día 12 de enero un hombre mata a su expareja y a la hermana de esta. El hombre había sido denunciado por maltrato psicológico. Después se ahorcó.

El 14 de enero un hombre asesina a su pareja en un pueblo de Alicante y huye después hasta su país, donde se entrega a la policía.

El 21 de enero un hombre mata a su mujer a puñaladas y después se suicida.

El 4 de febrero un turista mata a su mujer en el hotel en el que se hospedaban y luego acude a contarlo a la policía.

El 12 de febrero, un hombre de 47 años mata a su mujer de 38, madre de sus tres hijos, y luego va a entregarse a la policía.

El 10 de marzo, la policía encuentra el cadáver de una mujer que llevaba desaparecida desde septiembre de 2014. Al interrogar a su marido, sospechoso desde el primer momento, acaba confesando el crimen.

También el 10 de marzo, una mujer marroquí muere tras ocho días en coma después de que su marido la golpeara con una sartén en la cabeza, además de otras múltiples agresiones.

El 12 de marzo, una mujer muere después de que su marido la arrojara de su coche en marcha. Sólo tenía 23 años.

El 30 de marzo, un hombre asfixia a su cónyuge y después se ahorca con una correa.

El mismo 30 de marzo, un hombre mata a su esposa disparándole y después intenta suicidarse.

El 2 de abril, un hombre cubierto de sangre se acerca a una patrulla de la Ertzaintza y confiesa haber matado a su mujer con un cuchillo.

El 3 de mayo, un hombre asesina a su mujer y al jefe de esta con un arma de fuego y después se entrega.

El 8 de mayo, un hombre mata a su mujer en el hospital en el que esta estaba ingresada por una paliza anterior.

El 12 de mayo, un comisario se entrega ante la policía después de asesinar a su mujer asestándole 6 puñaladas.

El 14 de mayo, un hombre degüella a su mujer, con la que vivía a pesar de una orden de alejamiento, después se autolesiona y acaba llamando al 091 confesando su crimen.

El 16 de mayo, un hombre llama al 112 diciendo que su mujer se ha suicidado. Al llegar, los médicos comprueban que la mujer ha sido asesinada con dos puñaladas en el pecho. El hijo de ambos, de 8 años, se encontraba en la casa cuando todo sucedió.

El 3 de junio, un hombre llama a su hermano diciendo que había hecho algo muy grave. El hermano se presenta en su casa y descubre que el hombre ha matado a su mujer a golpes contra el bidé. El asesino tenía una denuncia anterior por malos tratos.

El 17 de junio, un hombre mata a su mujer de manera muy violenta según la policía, y después llama al 091 para decir que esta había sufrido un accidente. El agresor ya tenía antecedentes por violencia de género.

El 23 de junio, un hombre llama al 091 para avisar de que su mujer ha muerto víctima de un golpe contra la bañera. Al llegar, la policía lo detiene por las múltiples marcas de maltrato anteriores. La víctima era madre de un bebé de dos meses.

El 29 de junio, un hombre mata a su mujer y después la arroja al mar en el interior de su coche en el puerto de Barcelona.

El 4 de julio, detienen a un hombre por el asesinato de su ex pareja y la actual pareja de esta. A ella la asesinó disparándole con una escopeta en la cara y a él lo degolló.

El 5 de julio, un hombre agrede a la anciana a la que cuidaba, después va hasta su casa, mata a su mujer y se suicida.

El 9 de julio, un hombre degüella a su mujer de 25 años y después se suicida.

El 10 de julio, un hombre acude a un centro de salud a que le curen unas quemaduras, después de quemar viva a su ex pareja de 27 años en la tienda en la que trabajaba.

El 15 de julio, un hombre mata a su pareja a cuchilladas y después se suicida. Ella ya había sido víctima de acciones violentas que nunca había denunciado "porque le daba lástima".

El 29 de julio, un concejal de Izquierda Unida incendia su casa y mata a su mujer, que se encontraba dentro. Días después se ahorca en su celda.

El 31 de julio, un hombre mata con un cuchillo de cocina a su mujer.

El 6 de agosto, un hombre mata a tiros a su mujer y a sus dos hijos y después se suicida. La mujer había solicitado presencia policial al menos en cuatro ocasiones anteriormente, pero nunca llegaba a denunciar.

El 8 de agosto, un hombre atropella a su pareja y después intenta suicidarse seccionándose las muñecas y arrojándose a las vías del tren.

El 12 de agosto, un hombre mata a puñaladas a su mujer en plena calle. El fin de semana anterior, el asesino había quemado el coche de la víctima.

El 12 de agosto, aparecen enterrados en cal viva los cuerpos de dos chicas desaparecidas unos días antes en Cuenca. El asesino huyó a Rumanía y aún está en proceso de extradición para ser juzgado.

El 16 de agosto, se encuentra en Holanda el cadáver de una mujer de Sabadell desaparecida. Había acudido al país a intentar recuperar a sus hijas. El cadáver fue encontrado al lado de la casa de su ex marido. Pocos días antes, este había aprovechado una visita pactada para secuestrar a sus hijas y llevárselas a su país.

El 17 de agosto, un hombre de 72 años mata a su mujer con un hacha y después confiesa su crimen a la Guardia Civil.

El 27 de agosto, un hombre apuñala a su mujer y después se suicida de un disparo.

Escribo esto a 30 de agosto de 2015. Por desgracia, esta lista habrá crecido en unos días.

Ahora mismo no puedo mirar a ningún sitio sin sentir asco.

Pena, rabia, impotencia, asco.

Mire donde mire veo a hombres sentirse dueños de las vidas de las mujeres que en algún momento los eligieron para compartir su tiempo con ellos, tiempo que les han arrebatado de la peor manera posible. Veo a un estado que recorta el presupuesto para luchar contra la violencia de género y deshonra el nombre de las víctimas, al tiempo que propicia que haya nuevas muertes. Veo a un estado que sólo detiene cuando ya hay muerte de por medio. Veo agonías en parejas que seguramente alguna vez se quisieron, que vivieron momentos bonitos, y no logro entender cómo se puede acabar así. Veo cobardes que se creen amos de lo que los rodea. Veo juramentos como "Hasta que la muerte os separe" cumplidos. Veo arrepentimiento cuando ya no hay vuelta atrás, cuando ya no se puede hacer nada, cuando ya has dejado de ser humano, cuando se es un criminal, un terrorista machista. ¿Cuándo vamos a aprender?

Todo este sistema, el patriarcado, tiene los días contados. Queramos o no, debemos renunciar a nuestros privilegios como hombres y empezar a deconstruirnos. La igualdad no es sólo el derecho al voto, o el derecho a tener trabajo. La igualdad es el feminismo. La igualdad es el derecho al aborto, es no creernos dueños de sus vidas, es dejar de ver a las mujeres como objetos, es cobrar lo mismo por el mismo trabajo, es no usarlas como reclamo sexual para cualquier cosa, es apoyarlas en esta lucha que deben liderar ellas. Nosotros ya hemos mandado bastante. Y la verdad es que hemos dejado el mundo hecho un asco. Y la sociedad, más aún. Es el momento de que seamos iguales y ver qué somos capaces de hacer juntos.

ACEPTACIÓN

Se rompió la cadena que ataba el reloj a las horas,
se paró el aguacero, ahora somos flotando dos gotas.
Agarrado un momento a la cola del viento me siento mejor,
me olvidé de poner en el suelo los pies y me siento mejor.
Dulce introducción al caos, Extremoduro

Un pueblo sin literatura es un pueblo mudo.
Miguel Delibes

Hacer versos malos depara más felicidad que leer los versos más bellos.
Hermann Hesse

La palabra es lo más bello que se ha creado, es lo más importante de todo lo que tenemos los seres humanos. La palabra es lo que nos salva.
Ana María Matute

Creo que si existe una cualidad realmente seductora en Clementine es que su personalidad promete sacarte de tu mediocre vida mundana, no sé, es como subirte en un increíble meteorito ardiente que te llevará hasta otro mundo, un mundo donde todo es emocionante.
Olvídate de mí

Te voy a decir una cosa que no le he dicho hasta ahora a nadie y que te va a dejar muy tranquilo: yo tengo la culpa.
La Vida Imaginaria, Mara Torres

¿Ves? Dos cobardes hacen un valiente.
Justi&Cia

Me costó unos 25 años aceptarme a mí mismo.

Es un proceso largo, lento y muy cansado. El proceso en el que más aprendes en toda tu vida. Nadie te prepara para entender que vas a tener que estar siempre contigo mismo. Y cuesta. Cuesta mucho aguantarse en ciertas ocasiones.

Nadie te da las claves sobre cómo no ponerte triste cuando te miras al espejo. Eso es algo que yo tuve que asumir durante toda mi adolescencia. No me gustaba lo que veía, y sí, también es algo que le pasa a la mayoría de la gente, no me siento especial ni diferente por ello, sólo cuento cómo fue. Me miraba y no entendía por qué así, por qué tenía las orejas tan hacia fuera, por qué mi mandíbula era deforme, por qué tantos granos, por qué no cambiaba mi voz, por qué no me gustaba ni a mí.

Ahora pienso que es un cúmulo de idioteces, pero en aquella época no había nada peor en el mundo que ser yo, bajo mi óptica de adolescente egoísta.

Pero los años pasan, y yo no sé si es que aceptas que hay ciertas cosas que no van a cambiar, que te resignas a ello, o que empiezas a notarte bien contigo mismo, dando valor a lo bueno que tienes por encima de esos defectos que arrastras.

Pero lo haces. Tardas más en asumir lo peor, evidentemente, pero yo al menos he sido capaz de no ensombrecerme cuando veo mi reflejo en los cristales de las panaderías, en los espejos de las tiendas, en los coches que pasan despacio.

Síndrome de Pollyanna

Denominado así en referencia a la protagonista de una novela juvenil escrita por la norteamericana Eleanor H. Porter y publicada en el año 1913, hace referencia a la excesiva idealización de las situaciones y experiencias, así como al exceso de amabilidad y a la tendencia a ver solo el lado bueno de las cosas. En otras palabras, se podría describir como un optimismo enfermizo y no ligado a los acontecimientos de la realidad.

Desde que soy adulto, siempre he sido muy optimista. Me empeño en empatizar con todas las personas, y espero no cambiar nunca eso. Esto supone tropezarse mucho, incluso con piedras puestas por esas personas a las que intentas comprender. Es más, si una persona me ha caído bien en algún momento, me cuesta no seguir siendo igual de cariñoso por muchas putadas que me haya hecho. Simplemente, se me olvidan, y me comporto como si nada hubiera pasado.

No sé, os prometo que soy feliz no odiando a los que buscan que tropiece.

78

El reflejo de los charcos me dice quién soy.
Me devuelve la mirada desde abajo, desafiante, sucio, lleno de pasado.
Además, aparece y desaparece, está sólo algunos días y los otros no molesta, me deja vivir.

El reflejo de los espejos de mi casa me dice quién quiero ser.
Estratégicamente colocados, dándome una imagen amigable, son conocidos, amigos que te observan incluso en la oscuridad y guardan tus secretos.
A veces decimos que si las paredes hablaran…
pero menos mal que los que callan seguro son los espejos.

El reflejo en los escaparates me dice en quién no debo convertirme.
Me habla de que mire más allá de esa ropa bonita, de todas las cosas que no necesito aunque me hagan creer que sí, y que preste más atención a la calle y menos a los neones y a las ofertas.

El reflejo en la pantalla de mi móvil al apagarlo me enseña mis adicciones.
Me hace darme cuenta de que hace días que no estoy a más de tres metros de mi teléfono, que no lo apago ni dormido, que no puedo seguir así. Es un reflejo incómodo, porque me mira muy de cerca, y me lo guardo en el bolsillo y parece que el reflejo siga ahí.

El reflejo en el espejo del copiloto del coche me enseña que aún tengo cosas buenas.
Siempre lo dejo bajado, enfocando a mis ojos, a esa franja en la

que está mi mirada y mi cerebro y que es la parte que más me gusta de mí. La que siempre dice la verdad y nunca se deja achantar, la que batalla cada día por no bajar la guardia, la que lleva 28 años sin dormir.

Conocerse es saber distinguir los secretos que guardan nuestros diferentes reflejos.

79

Las personas que saben dar abrazos
saben que el objetivo no es rodear
a la otra persona con los brazos,

sino acercar el corazón propio al otro.

80

Era una noche de septiembre. Estábamos solos en aquella casa de paredes débiles y acústica fuerte. Ambos nos deseábamos, nos moríamos de ganas por estar juntos, pero esperábamos a que llegara el momento exacto para poder hacerlo. ¿Qué esperábamos? Al clima. A lo lejos, por la ventana, se podían ver las nubes acercarse... las tan esperadas nubes de tormenta. Mientras, sólo nos mirábamos generando en aquella habitación más electricidad de la que venía con aquella lluvia.

Sentados el uno frente al otro, no tuvimos que aguantar mucho nuestras ganas, ya que hasta el viento estaba a nuestro favor. Pronto se comenzó a oír la lluvia golpear las ventanas, como si quisiera entrar a apagar el fuego que estaba por comenzar en aquel cuarto.

Cada vez el sonido se iba incrementando, y la distancia entre nosotros disminuyendo. Al lado de la enorme cama había una ventana por donde se podía ver la lluvia lavando la calle. A momentos, toda la habitación se veía iluminada por los relámpagos, eso nos permitía ver nuestras miradas encendidas.

Podía contemplar esa chispa de lujuria que te aparecía mientras te mordías los labios, esperando a que esos dientes fueran sustituidos por los míos.

Te acercaste a mí y pusiste tu mano en mis tatuajes, acariciándolos despacio, como si estuvieran escritos en braille y quisieras memorizar cada detalle.

En ese momento, un trueno sacudió los cimientos de la casa, y fue el pistoletazo de salida para devorarnos.

Los besos se fueron volviendo más y más apasionados, hasta que tus manos no se pudieron mantener quietas por más tiempo y me recorrieron completamente.

Una de mis manos se aventuraba hacia tu entrepierna, que ya intuía húmeda. Primero deslicé los dedos por toda aquella línea tan tentadora, luego introduciéndolos poco a poco hasta dar con ese punto de máximo placer que ataqué sin contemplaciones. Lo frotaba en círculos y de arriba a abajo, cambiando el ritmo de rápido a lento para hacerte perder la cabeza. Con la otra mano te sostenía por la cintura y te apretaba hacia mi cuerpo para sentir el contacto de tu piel. Y cuando estabas a punto de explotar... mi lengua se abrió paso. Tu sabor... tu sabor me inundaba. Y qué maravilla.

Mientras disfrutaba de ese momento, la escena ante mí cambió.

Ahora eras tú, una mujer desnuda, dándome placer y siendo tenuemente iluminada por la luz azulada de los relámpagos. Mis gemidos no tardaron en llegar y parecía que competían en intensidad de sonido con la lluvia y los truenos. Tú me provocabas escalofríos, sólo usando tu lengua. Me pediste que por favor, acabara dentro de tu boca. Joder, no sabes lo loco que me volvió escucharte aquello. Con esa cara de gatita que me ponías... Era inevitable no explotar. Empate. 1-1.

Pero la noche acababa de empezar...

81

Hablamos de noche,
y te leo poemas, cuentos, lo que sea.

Esos ratitos seguimos juntos,
colgar duele tanto
como si volvieras a dejarme.

82

Algunos creéis que por leer guías de viaje se conoce una ciudad,
que por ver un programa de cocina tenéis idea de los sabores,
que por ver fotos de una mujer sabéis cómo besa,
que por leer un par de tuits se conoce a una persona,
que puedes mejorar tu vida leyendo libros de autoayuda,
que ver porno puede ser comparable a la primera vez con una chica,
que leer un ebook es igual que leer un libro en papel.

Y oye, si la vida te gusta descafeinada, imagino que es pasable.
Hay a quien le gusta la cerveza sin alcohol y el sexo pagando.

Yo prefiero saltar en paracaídas a ver un vídeo de cómo otro lo hace,
prefiero horas de avión, de tren o caminando
para llegar a ese atardecer que podría estar viendo en fotos,
soy más de quemarme saltando la hoguera que de mirar el fuego,
me saben mejor las cicatrices de locuras que la piel lisa y aburrida,
me gusta el regusto de la adrenalina en mi cuerpo, más que la calma.
Más calle, más vivencias, más experiencias, más momentos.
Menos prejuicios, menos amargura, menos encerrarse tras una pantalla.
Me aburrí de sobrevivir y ahora prefiero súper vivir.
Me cansé de jugar al escondite

y ahora quiero ser el campeón en mis recuerdos.

83

Me cuesta mucho hablar de mi vacío.

Hablar de verdad, sin pensar en que esto lo vaya a leer nadie, sin pensar en que va a estar en un libro, sin usar lenguaje poético, limitándome a ser sincero conmigo.

Pero es un camino que no sé si quiero recorrer. Me da miedo lo que me pueda encontrar. Las razones que me llevan a hacer las cosas. Y hablo de las razones profundas, no de las justificaciones peregrinas que buscamos para poder tragar nuestra propia mierda con una sonrisa y seguir pensando que somos muy felices y lo bien que está todo.

Me reviso cada día. Hay un ejercicio interesante que una vez me contó alguien y que hago desde entonces. Consiste en mirarse al espejo. Simplemente. Observarse durante todo el tiempo que aguantes. Y claro, intentar ver más allá.

Yo todavía no sé lo que veo, llevo muy poco tiempo haciéndolo. Algunos días me gusta lo que intuyo y otros lo odio.

Con tal de no hacer ese ejercicio, hay noches que prefiero escribir mensajes hasta que alguna chica dice que se quiere venir a dormir conmigo, y así me salva por unas horas de todo lo que no está aquí. Y sí, no digo "escribirte un mensaje" porque sería mentir, y hemos dicho que nada de mentir aquí. Tampoco escribo a cualquiera, pero siempre hay ganas de repetir noche con alguien. También es una manera de avanzar, de saber si llega a algún sitio o se queda estancado como casi todos mis últimos intentos.

Qué difícil es pasar de ser uno en el espejo a ser dos. Qué fácil es acostarse con alguien a día de hoy, que no lo critico, porque también lo practico y sería idiota. Pero cómo cuesta pasar de esos primeros encuentros a poner fotos juntos en la pared. Quizás es mejor así, creo que yo ahora sería tóxico para cualquier chica que me quisiera en su vida. También hay que saber cuándo comenzar algo, y no empezarlo si aún estás roto y lleno de astillas. Nadie tiene que ser tu enfermera, y no quiero que nadie sea la mía. Menuda carga, no me jodas.

Al menos, de momento, no pierdo esa perspectiva.

Puedo ser egoísta en algunos momentos, pero no quiero que nadie cargue conmigo.

84

La única manera válida que conozco de amar
es sin tratos, sin reglas, sin matices,
es hacia fuera, sin esperar reciprocidad,
sin necesidad de que el amor rebote.

Todo lo demás es como presumir
de todas las ONG con las que colaboras,
de lo mucho que donas y ayudas,
esa solidaridad que sólo es egoísmo,
ese callar la conciencia, y sentirte bien
diciéndote "mira qué bueno soy".

Es como una cuenta nómina
con interés al 3%,
como el *slogan* de un banco,
como pensar en la rentabilidad,
como un negocio.

Así es amar a cambio de amor.

85

Suelo odiarte y quererte a la vez.

Ya sabes lo que quiero decir. Me alegro cuando fracasas en tus intentos de boicotearme, pero sin ellos no seríamos lo que somos. Esa es a veces la desventaja de estar tan unidos, de ser inseparables, diría incluso que indivisibles.

Sí, intento ponerte en un segundo, tercer, o cuarto plano, lo sé, pero entiende que duele que seas una constante en mi vida. Que a veces necesito estar sin ti para después darme cuenta de lo importante que eres.

Me mantienes en equilibrio. Sin ti no sería capaz de saborear las cosas buenas de la vida. Sé que durante mucho tiempo no supe apreciarte, en realidad te despreciaba totalmente, no pensaba que tuvieras nada en común conmigo y cuando aparecías sólo sabía poner mala cara y recluirme en mí mismo. Me encerraba durante horas y eso sólo hacía que tú no quisieras irte, que estuvieras más presente que nunca. Era un círculo vicioso, pero sin vicio.

Ahora es diferente. Tenemos una relación más estable, en la que sé que a veces tienes que estar conmigo, en la que he aceptado que tenemos que compartir ciertos momentos, y tú has asumido que, por mucho que quieras, no vas a tener el papel principal de mi vida, pero que serás la que me haga pararme a pensar de vez en cuando en cómo va realmente todo. Que lo necesito.

Estoy seguro de que sabrás cuándo venir a mí.

Confío en ti, Tristeza.

86

Quizás ya ha llegado el momento de sonreír.
Quizás no, seguro.

Ha llegado el momento de sonreír.
El momento de mandar a la mierda
a todos esos "qué dirán"
que rondan por tu cabeza de vez en cuando.

De dejar de pensar en las
opiniones ajenas al tomar decisiones,
que no importan, que no cuentan.

Sonreír significa no dejar de hacer algo
por miedo.
Que el miedo no gane ninguna batalla
ni mucho menos la guerra.

Sonreír como una declaración de guerra.

Usar la sonrisa como arma arrojadiza
con onda expansiva
ante la tristeza y el gris.

Como un estandarte, como una bandera,
como una declaración
de intenciones ante la vida.

Sonreír sin propósito de enmienda.
Sonreír con orgullo de pantera.
Que hasta las heridas cicatricen
curvas, alegres.

Apuesto que la felicidad
está en provocar una sonrisa
así.

87

Mi primer amor fue todo lo que no debe ser el amor.

Fue pasional e intenso al principio, comenzó maravillosamente, con besos furtivos en la furgoneta que nos llevaba a trabajar y noches despiertos contándonos la vida y los lunares. No recuerdo en qué momento exacto comenzó a torcerse, pero yo tenía 18 años y la boca empezó a saberme a sangre.

He aprendido tanto de todo aquello...

Mi primer amor fue una humillación constante. Un engaño enrevesado en el que hubo un momento en que ya ni siquiera era engaño, de lo inconsistente que era la bola de mentiras.

El recuerdo más doloroso que guardo de aquel amor no fue cuando en un arrebato idiota de rabia pegué un puñetazo a la pared y me rompí un dedo, ni cuando después de llegar a casa tras una cena familiar ella tiró toda mi ropa por la ventana, ni siquiera cuando tras un debate idiota mientras comíamos tiró la mesa volando por los aires y se fue, sabiendo que yo lo recogería todo del suelo.

Y lo recogí.

No, mi recuerdo más doloroso fue en un autobús. Veníamos de Barcelona a Salamanca, y ella se puso a ligar descaradamente con el chico que iba detrás de su asiento. Conmigo al lado. Incluso, en un momento dado, me echó para que me fuera a dormir a otro asiento para poder hablar más distendidamente con él. Me pasé las siguientes 8 horas sintiéndome la persona más insignificante del mundo. Y ella decía que me quería y le daba igual. Aquella vez la perdoné de nuevo, como siempre, pero algo se rompió y ya todo fue en declive. Más aún.

Estando con ella, aprendí todo lo que no había que hacer,

cómo no quería que nadie se sintiese jamás cuando tuviera una relación conmigo.

Mi primer amor me enseñó que es mucho más importante amar sano que amar mucho.

88

Quizás el truco sea entregarse
como si nunca fuera a doler.
A la vida, al amor,
al sexo, a la poesía,
incluso entrégate
a ti mismo.
Como si fueran a prohibirlo
todo
mañana.

89

Acabo de matar a una polilla
y ahora me estoy replanteando
si debería dejar todo esto
de la poesía.
No dejar de escribir,
eso sería totalmente imposible para mí,
me refiero a publicar libros
y los recitales y todo lo
que conlleva.

A veces, os lo juro,
hace más mal que bien.
Hace pupa.
No el andar de un sitio para otro
sin tiempo a hacer una maleta
decente,
no las horas en la carretera,
no los momentos encima del escenario
en los que soy capaz
de olvidarme de todo menos del
"tienes que hacer
que se lo pasen bien,
que se rían, que se diviertan".
No es por esos momentos.

Son los focos,
es ser el punto de mira
de gente que no quiere mirarte,
es el asco que me da que,
si no vas chupando culos,
no entras en ciertos círculos.

Es la falta de empatía de aquellos
que se dicen "compañeros de profesión".

Como si esto fuera mi profesión…
Aunque viva de ello, no, no lo es.

Son las ganas de llorar después
de matar una polilla a las cinco
y media
de la mañana
pensando en que lo mejor
que podía vivir
de todo esto,
ya lo he vivido.

Lo viví al principio,
cuando no me daba cuenta de nada,
no me daba tiempo a pensar
y todo era felicidad.

Simplemente no me había llegado aún
el mal olor,
no había explorado las cloacas,
no había despertado las envidias suficientes
como para ser un objetivo a batir,
no había visto las sombras de todos
los que te dan palmaditas en la espalda
con un cuchillo oxidado en la otra mano.

Os juro que no quiero aprender
a ser desconfiado,
no quiero dejar de alegrarme
de los éxitos ajenos,
no quiero dejar de pensar
que todo merece la pena.

Que la vida, en ocasiones,
te pone delante
algunos culos selectos
para que los lamas,
pero yo no tengo
mi lengua en venta.

90

Hubo una vez que me dijiste
que en mi vida todo iba tan rápido
que no me daba tiempo a pensar.

Ahora, te respondo:
menos mal.

91

Me gusta comerte el coño.

Podría decirte esto de mil maneras,
que mi boca tiene un imán y tu clítoris
es el polo opuesto,
que tu sabor es una de esas tres cosas
que me llevaría a una isla desierta,
que sin tus manos en mi cabeza apretando
todo me aburre,
que una de las cosas que más me gusta
es relamerme los labios minutos después
y notar que sigues ahí,
que conozco de memoria cada pliegue
cada rincón
cada reacción
y aun así todo me parece nuevo cada vez,
que no hay mejor acompañamiento
para el silencio que tus gemidos,
que empaparte es mi
hobby favorito,
que mis dedos se sienten
Vasco de Gama dentro de ti,
que naufragar merece la pena
si es en tus humedades…

Podría decírtelo de mil maneras,
pero amor, me gusta lo real.
Y no conozco nada
más real que tu coño.

92

Hay dos tipos de personas:
las que te hacen perder el tiempo
y
las que te hacen perder la noción del tiempo.

93

Lo mejor de ti es que no tienes ni idea de lo sublime que eres.

De la sensualidad que desprendes en cada movimiento inocente, o de cómo te iluminas cuando te recoges el pelo.

Me invitas a tu casa, y al llegar estás tumbada en el sofá, con esos pantaloncitos tan cortos que casi puedo verte por dentro, y recuerdo la primera vez que te vi, en el metro, leyendo a Pizarnik. Y cómo fui incapaz de pasar de las miradas a las palabras antes de llegar a mi parada.

Me bajé, y me sonreíste antes de que las puertas se cerraran. Tenía que volver a verte.

Dos semanas después la casualidad movió ficha.

Estabas sentada en la puerta de mi bar favorito, con un botellín en una mano y el teléfono en la otra. Un paso adelante, un holaquetalnocreoqueteacuerdespero y tú "Sí, el chico del metro que me dejó con ganas de hablar" fueron suficientes para que compartiésemos una cerveza tras otra y acabáramos la noche a las doce de la mañana del día siguiente, gimiendo la vida.

Esa misma noche ya nos sentíamos inundados de magia.

Luego la veía en ti en cada momento, en cada historia que me contabas, en cada carcajada incontrolable, en cada vez que te cepillabas los dientes jugando a hacer el tonto con el espejo, en cada mordisco en mi nuca, en cada ocasión que aprovechabas para hacerme perder el control.

O tu manía de robar todos los bolígrafos verdes que veías, la manera en la que sujetabas la cuchara al comer helado, el beso que me dabas en la nariz justo antes de darme un beso más largo, como ponías tus dedos en los hoyuelos del final de mi espalda, o aquella vez que te tragaste un pintalabios porque querías sentirte roja por dentro.

Quién podría no enamorarse de ese conjunto único que eres.

Yo, lo confieso, nunca he sido capaz de no quererte.

94

La verdad,
es todo más sencillo
que explicaciones largas
metáforas rebuscadas
vueltas y vueltas.

Pienso en ti,
y sonrío.

Así de simple.

95

Quizás madurar es ir aceptando
que nunca vas a ser un superhéroe,
que hay mujeres en el mundo
con las que nunca
te vas a acostar,
que no vas a ganar
un Balón de Oro
un Óscar
un disco de platino
ni siquiera un Emmy.

Madurar es tener suficiente perspectiva
y estar orgulloso de algunas de las cosas
que ya has hecho.

También es saber cuándo lo hiciste mal.
Perdonarte a ti mismo
por toda la mierda que has acumulado
con el paso de los años.

Madurar es dejar atrás a personas.

Madurar es dejarte atrás a ti mismo
redescubrirte
deconstruirte
revisarte
y ser más tú que nunca
durante el proceso.

Madurar es querer que Peter Pan
sea tu hijo
y no tú.

Aprender,
y esto es de lo más jodido,
que no todo el mundo
va a quererte.
Que algunos, incluso,
van a odiarte sin conocerte,
sin querer hacerlo siquiera.

Darle a las cosas la importancia
que tienen.
Ninguna casi siempre.

Madurar es no perder
la conexión con ese niño perdido
que tienes dentro.
Buscar maneras de resucitarlo
un ratito cada día.
Dejarle tomar algunas decisiones.
Correr sin motivo de vez en cuando.
Reír a carcajadas,
hasta que duela la tripa.
Jugar a regresar al pasado.

Madurar es aceptar todo lo que no
puedes hacer ya,
y,
a la vez,
soñar con metas aún más inalcanzables.

Porque madurar es
darle la vuelta
a lo imposible.

Epílogo

EL CAMPEÓN DE MIS RECUERDOS

Sé que te has acercado a esta página, *si algo no soy es gilipollas,* con la esperanza de encontrarte con más poemas de Carlos Miguel Cortés, y no creas que no te entiendo: tu permanencia en este libro, *su segundo libro tras el éxito sin paliativos de* Intranerso, *al calor de sus páginas y de las palabras cercanas, familiares, que habitan en ellas*, se te ha hecho demasiado corta, *como cuando te lo estás pasando de puta madre y entonces alguien quita la música y te echan del puto garito*, y afuera, *para rematarlo*, está lloviendo con fuerza, y hace mucho frío, y viento, y además, *que es lo peor*, ni siquiera sabes o tienes a dónde ir... Bah, no tienes nada de qué preocuparte, lo sabes, ¿no? Los libros que amamos no tienen horario de cierre, nos acompañan las veinticuatro horas del día, todos los días, y en algunos casos toda la vida. Por otra parte, qué quieres que te diga: no hace falta ser muy inteligente para darse cuenta que tú, *como el propio Carlos, como todos sus lectores, como los que vendrán,* eres ya también un INNORMAL de mucho cuidado, lo que, *se mire como se mire, y contra lo que algunos quieran hacerte pensar*, has de tomártelo como lo que realmente es: un elogio, *y no un insulto.* Verás, yo no entendía muy bien qué hacía aquí escribiendo este texto sobre una poética, *la de Carlos, uno de los poetas que han irrumpido con fuerza en el panorama poético reciente revitalizando, a su modo, la estática poesía española y devolviéndola, por imposición de sus lectores y no de críticos dóciles y premios amañados, al lugar que le corresponde, o sea, los primeros puestos en las listas de venta y una gran visibilidad en las distintas librerías e incluso centros comerciales,* que poco o nada tenía que ver, *en apariencia*, con la que yo defiendo y escribo. En otras palabras, mi sensación era la de estar incurriendo en una contradicción aplastante... pero solo hasta que Carlos me abrió la puerta de su casa, *es decir*, la de su corazón, y me invitó a pasar dentro o, *mejor dicho*, me dejó la puerta abierta, para luego presentarme a la mujer con la que habitualmente convive: la señorita Poesía... Resulta más que evidente, *ya desde el mismo principio*, que Carlos, *como estudiante y como lector de poesía*, ha bebido de las aguas de lo que la crítica ha dado en llamar ***poesía de la***

experiencia o *de* ***la otra sentimentalidad****, turbias, rancias y estancadas aguas a mi entender, el de un profano en la materia.* En uno de los versos leemos: ***Quiero ser el campeón en mis recuerdos.*** Aunque en los hechos reales que dieron lugar a esos recuerdos no lo haya sido. Aunque sea necesario alterar y violentar esos mismos recuerdos para serlo. Aunque haya que inventárselos. Pero ser el campeón. Dicho de otro modo: Poesía de Ficción. Poesía de la Experiencia. O de la Otra Sentimentalidad. De la otra, *sí...* Porque si bien es cierto que la temática propia de los poetas de la experiencia parece corresponderse fielmente con la del propio Carlos, *y la de otros poetas y músicos cuya escritura ya se empieza a conocer como Nueva Poesía y que yo denomino como la Generación Encantada*, esto es, el consabido y omnipresente dúo dinámico de la poesía universal de todos los tiempos, ya sabes, el binomio ***Amor / Desamor***, no es menos verdad que entre ambas media un abismo. El del ánimo. El del tono. De siempre, *bajo distintos paisajes económicos y sociales*, he escuchado esta cantinela, algo así: *El amor es para los jóvenes... El amor es cosa de jóvenes...* ¿Entonces por qué casi siempre que leía poemas de amor o desamor tenía la impresión de que quienes los escribían eran viejos burgueses acomodados y apoltronados en un salón mayor que mi casa y frente a una enorme chimenea? No importaba la edad del poeta, *fuera un imberbe o fuera un anciano*, el discurso, el tono de ese discurso, *o a mí me lo parecía*, era siempre el mismo: el de un viejo desengañado de la vida. No el de alguien que estalla de amor. O sufre de amor. Porque eso es el amor. Un estallido, e incontrolable, en unas ocasiones. Un apagarse, en otras. Así que cuando algo estalla o se rompe, los pedazos, los restos, *llámalos versos*, no caen en un orden preestablecido de antemano, más bien se esparcen por todas partes, hasta por el techo. De ahí, *pensé*, esa mezcla de micropoemas y poemas de largo recorrido. De ahí, *también*, esos largos versículos que se mueven en la línea divisoria entre el poema y el texto en prosa. De ahí, *asimismo*, ese estilo aparentemente descuidado o desmañado, como escrito a toda hostia, sobre la marcha. Porque eso era, *joder*. Eso era. Estos tipos escriben como sienten y en el momento en que lo sienten. No dominan sus sentimientos. Los dejan sueltos. Como caballos salvajes. Así escriben. Al galope de su corazón. Por eso esta poesía, *la de Carlos en este caso y en este libro*, *también en* **Intranerso**, tiene esa enorme capacidad de comunicación con sus lectores. Sencillamente, reconocen la voz de un joven que escribe sobre el amor y el desamor con el lenguaje y los sentimientos propio de la juventud. Reconocen su voz en la suya. Esa voz que derrama sobre nosotros, *a borbotones*, sus sentimientos, *los verdaderos*. Como la sangre que brota a trompicones de una herida. Como el agua fresca del arroyo con la que después nos la limpiamos. Eso es, *claro, joder*. Carlos y otros poetas de su onda han hecho algo significativo con esta poesía de carácter sentimental: Han devuelto un sentimiento tan espontáneo e incontrolable como se sabe es el del amor o el desamor a la única gente que realmente puede apreciarlo y sentirlo, *no entenderlo, el amor es ininteligible como cualquiera que haya estado enamorado alguna vez sabe bien*, la única gente igual de incontrolable que el amor, *o que la poesía*: La juventud, sí. Los jóvenes. Tú. Y por ello, *y por último*, **Carlos Miguel Cortés** no es solo *el Campeón en sus Recuerdos*, sino que con este nuevo libro, ***Innormal***, lleva camino de convertirse también, *si no lo ha hecho ya*, en el *Campeón de los Nuestros*.

David González
13 de septiembre de 2015

Dejadme que repita los agradecimientos a toda mi familia. Gracias mamá, gracias papá, gracias Javier. Gracias a todos mis tíos y primos, gracias, como digo al comienzo, a mis abuelos. Ellos saben por qué, yo me encargo de recordárselo siempre que puedo. Os quiero.

Gracias, Brisa. Por soltarme la mano antes de que apretáramos tanto que nos hiciéramos daño, y después de salvarme una y mil veces del precipicio.

Gracias a todos los que este año me han demostrado que confían en mí. A los que no se dejan intoxicar por intereses bastardos. A los que eligen, cada día, acompañarme un día más.

Gracias a todos los que cada día me dan ánimo y fuerzas para sentir que todo este cúmulo de palabras tiene sentido. Os aseguro que leo cada mensaje, cada mail, cada tuit, y que siento vuestras historias como mías. Gracias por vuestro apoyo en los recitales, cada abrazo era una carga de energía a tope. Ya sabéis, nos vemos en los bares.

Gracias a Irene, a todo el equipo de Destino, y a Planeta. Por creer en este libro y por darme toda la libertad que necesitaba.

Gracias a ti, que tienes este libro en las manos, porque sin ti nada de esto tendría sentido. Por darle alas a la poesía. Por haber llegado hasta esta última página. Por compartir este viaje conmigo. Ojalá a partir de ahora tú también te sientas innormal.

ÍNDICE